監修者――五味文彦／佐藤信／高埜利彦／宮地正人／吉田伸之

［カバー表写真］
江戸図屏風

［カバー裏写真］
異国船木版図
（谷文晁画・松平定信賛）

［扉写真］
『夢の浮橋（中川通荒屋敷大寄り之図）』

日本史リブレット 48

近世の三大改革

Fujita Satoru
藤田 覚

目次

はじめに———1

①
善政悪政交替史観と三大改革———6

田沼意次の人物像／三大改革論の歴史／三大改革論の研究史／近世史の時期区分と享保の改革

②
享保の改革———17

享保の改革の研究史／幕府財政と幕府領石高・年貢量／享保の改革の年貢政策／新たな物価問題の発生／法と裁判制度の整備

③
寛政の改革———30

寛政の改革の歴史的位置／明治維新の政治史的起点／寛政の改革の特徴／小農経営の再建策／商業資本と幕府の主体性／封建的社会政策の導入／朱子学の正学化と歴史書の編纂／対外的危機の発生と鎖国祖法観の成立／海防策の展開／天皇・朝廷と大政委任論／尊号事件／中期藩政改革／幕政と藩政の関連／政治技術の「情報交換・流通」／寛政の改革の評価

④
天保の改革———60

幕府財政の破綻と物価の高騰／一揆・打ちこわしの激化／藩の「自立化」と幕藩間の亀裂／対外的危機の深刻化／物価対策／出版・情報・文化統制／人返しの法／御料所改革／将軍権威の再強化策——日光社参／対外的危機への対応／印旛沼掘割工事と上知令

⑤
悪政の政治構造———83

悪政の時代／出頭人の時代／側用人の時代／側用人柳沢吉保／御用取次／側用人大岡忠光／老中田沼意次／大御所時代の老中水野忠成／田沼や水野は例外か

おわりに———100

はじめに

江戸幕府を中心とした江戸時代の政治の歴史については、善政と悪政とが交替してあらわれる「善政悪政交替史観」、あるいは緊張と弛緩が交互にあらわれるという「一張一弛《いっちょういっし》史観」ともいうべき理解がある。そのなかの「善政」「緊張」にあたるのが、三大改革である。通俗的、俗説的な歴史理解だが、いまだに根強い影響をもっている。

その流れを時代と改革名であらわすと、

元禄《げんろく》時代→享保《きょうほう》の改革→田沼時代→寛政《かんせい》の改革→大御所《おおごしょ》時代→天保《てんぽう》の改革

人物であらわすと、

徳川綱吉《つなよし》(柳沢吉保《よしやす》)→徳川吉宗《よしむね》→田沼意次《たぬまおきつぐ》→松平定信《さだのぶ》→徳川家斉《いえなり》(水野忠成《ただあきら》)

↓水野忠邦《ただくに》
となる。

元禄時代は、十七世紀末から十八世紀初めの五代将軍綱吉の時代にあたり、側用人柳沢吉保が権勢をふるった時期で、華やかだが賄賂《わいろ》が横行し、生類憐《しょうるいあわ》れみの令などの悪法が出され、幕府の財政が困難を迎えた時代である。この後に八代将軍吉宗が登場し、一七一六(享保元)年から享保の改革という政治改革を断行した。幕政を引き締めて倹約を励行し、財政を好転させて幕府を立て直し、「幕府中興の祖」などと呼ばれた。ところが、その後の十八世紀後半に出た田沼意次が強い権勢をふるい、賄賂、汚職の腐敗した政治が行なわれた時代を、田沼時代と呼んでいる。つぎに十八世紀末の一七八七(天明七)年に登場した老中松平定信は、田沼の政治を悪政であると徹底的に批判し、厳しい倹約と文武の奨励による綱紀の粛正など、寛政の改革と呼ばれる政治改革を断行した。しかしその次には、十一代将軍家斉の大御所時代がやってくる。五五人もの子女をもうけ、そのもとで老中水野忠成が権勢をふるい、田沼時代の再来かのような賄賂、汚職がはびこった時代とされる。十九世紀半ば近くの一八四一(天保十二)年から、その大御所時代の政治を徹底的に批判し、天保の改革と呼ばれる政治改革を断行したのが老中水野忠邦である。ざっとながめるとこのような流れになる。これが、幕政は緩みと緊張とを繰り返し、「悪政」のあとに「善政」、あるいは改革がくるという解釈になる。

政治の改革は、いつの時代でも前の政治を悪政と激しく批判し、担当した政治家を厳しく断罪して、改革政治の正当性を声高に主張する。たしかに悪政といわれる時期には、賄賂や汚職が横行し、政治の腐敗と退廃の現象がみられる。しかし、改革担当者の発言に惑わされ、前の政治はすべて悪政だったとしたり、前の政治と改革の政治はまったく断絶したものと理解すべきではない。極端にいえば、悪政とは改革担当者により下された評価にすぎないともいえる。そもそも、改革の時代の政治は民衆にとって善政だったのか、という問いかけも重要だろう。すなわち、三大改革は善政なのだろうか、と。

享保、寛政、天保の三つの改革は、江戸時代の三大改革として理解されるのが一般的である。高等学校の日本史教科書や中学校の歴史教科書などでは、幕藩制国家と社会の動揺に対応した改革として位置づけられ、おのおの改革政策が叙述される。ところが、それぞれの改革が直面した「動揺」なり「危機」がどのような性格のものであり、改革によって違いがあるのかないのか、よくわからない並列的な説明になっている。とくに、対外的危機は別の章や節で説明されるので、改革との関連をとらえにくい構成になっている。これは、改革政策を国内の問題を中心に検討し、対外的な問題と関連づけて理解するという点で弱点をもっていた、これまでの近世史研究のあり方にも制約されている。

本書では、十八世紀から十九世紀半ばまでの政治史を考えるうえでもっとも重要な三大改革について、江戸時代の時期区分と関連させながら、そもそものような矛盾や危機に対応しようとした改革なのかを明らかにする。そのなかで、従来の三大改革論ではなく、いわば二大改革論で理解すべきだと主張したい。また、改革の前後にくる悪政の時代について、とくに賄賂・汚職の横行や悪法が出る政治の仕組みを、江戸幕府の政治構造のあり方から明らかにし、悪政の時代がそれほど例外的なものではなかったことを論じてみたい。

●──三大改革関連年表

年代	事項
1680(延宝8)	徳川綱吉将軍就任
1687(貞享4)	生類憐れみの令
1688(元禄1)	柳沢吉保、側用人
1695(　8)	元禄の貨幣改鋳開始
1699(　12)	長崎貿易の俵物開始
1709(宝永6)	徳川家宣将軍就任 新井白石登用
1713(正徳3)	徳川家継将軍就任
1715(　5)	正徳新例
1716(享保1)	徳川吉宗将軍就任 享保改革始まる
1717(　2)	大岡忠相、町奉行
1719(　4)	相対済し令でる
1720(　5)	漢訳洋書の輸入緩和
1721(　6)	流地禁止令でる
1722(　7)	上米令・新田開発奨励
1723(　8)	足高の制
1724(　9)	米価対応物価引下げ令 株仲間公認
1730(　15)	堂島の空米取引公認
1732(　17)	享保の飢饉
1736(元文1)	元文金銀の鋳造
1737(　2)	神尾春央、勘定奉行
1742(寛保2)	公事方御定書できる
1745(延享2)	徳川家重将軍就任
1749(寛延2)	定免制の全面的実施
1758(宝暦8)	宝暦事件・熊本藩改革
1760(　10)	徳川家治将軍就任
1764(明和1)	上野下野等で伝馬騒動
1767(　4)	明和事件・米沢藩改革
1769(　6)	尼崎藩領兵庫西宮上知
1770(　7)	摂津他農村に油稼株
1780(安永9)	鉄座・真鍮座等の専売
1781(天明1)	上野等に絹糸貫目改所
1783(　3)	工藤平助『赤蝦夷風説考』・浅間山噴火
1784(　4)	天明の飢饉
1785(　5)	蝦夷地調査
1786(　6)	貸金会所御用金令・田沼意次辞職・大飢饉
1787(　7)	徳川家斉将軍就任・江戸打ちこわし・松平定信老中・寛政改革開始

年代	事項
1788(天明8)	京都大火・勘定所用達
1789(寛政1)	郷蔵設置令・棄捐令
1790(　2)	異学の禁・帰村奨励
1791(　3)	七分積金始まる
1792(　4)	ラクスマン来航・海防強化令・尊号一件
1793(　5)	定信伊豆相模沿岸視察
1796(　8)	ブロートン蝦夷地来航
1797(　9)	昌平坂学問所できる
1799(　11)	東蝦夷地を上知
1801(享和1)	志筑忠雄『鎖国論』
1804(文化1)	レザノフ長崎来航
1805(　2)	関東取締出役設置
1807(　4)	ロシア軍艦択捉を襲撃
1808(　5)	フェートン号事件
1810(　7)	会津藩など江戸湾防備
1811(　8)	ゴローウニン事件
1813(　10)	江戸十組問屋株札交付
1818(文政1)	水野忠成老中・文政金銀鋳造開始
1823(　6)	摂津・河内で国訴
1825(　8)	異国船打払い令
1827(　10)	改革組合村結成
1828(　11)	シーボルト事件
1830(天保1)	水戸藩政改革開始
1831(　2)	長州藩天保一揆
1834(　5)	天保の飢饉
1836(　7)	甲斐郡内騒動・大飢饉
1837(　8)	大塩事件・モリソン号事件・家慶将軍就任
1838(　9)	徳川斉昭『戊戌封事』 長州藩政改革開始
1839(　10)	蛮社の獄
1840(　11)	アヘン戦争情報・庄内藩など三方領知替え
1841(　12)	天皇号再興・天保改革開始・株仲間解散令
1842(　13)	寄席制限・薪水給与令 川越・忍藩江戸湾警備
1843(　14)	人返し令・日光社参 上知令・印旛沼工事
1844(弘化1)	オランダ国王開国勧告
1853(嘉永6)	ペリー来日

①—善政悪政交替史観と三大改革

田沼意次の人物像

国民の一般的な歴史知識からすると、「一張一弛《いっちょういっし》史観」「悪政善政交替史観」ははたして克服されているのかどうか、いまだ疑問が残る。

一例として、享保《きょうほう》の改革と寛政《かんせい》の改革にはさまれた、十八世紀後半の田沼時代の時代相と田沼意次《たぬまおきつぐ》▲の人物像を取り上げてみよう。田沼意次といえば賄賂・汚職の政治家、金権腐敗の代表と見られるのが一般的であろう。だが第二次大戦前から、田沼意次の人物像は大きく二つに分かれていた。

ひとつは、三上参次《みかみさんじ》『白河楽翁公《しらかわらくおうこう》と徳川時代』(一八九一年刊、一九四〇年に「日本文化名著選」の一冊として再刊)であり、いまひとつは辻善之助『田沼時代』(一九一五年刊、一九三六年再刊、一九八〇年岩波文庫)である。前者は、松平定信《さだのぶ》▲を模範的な人物として焦点をあて、それとの対比で田沼を金権腐敗、賄賂・汚職の政治家と描いている。後者は、賄賂・汚職の政治家という側面とともに、積極的な経済政策をすすめた革新的な政治家という両面を描いた。

▼**田沼意次**　九三ページ参照。

▼**松平定信**　一七五八〜一八二九年。越中守。号は楽翁。徳川(田安)宗武の子。陸奥白河藩松平家に養子。一七八七年老中となり寛政改革を断行、翌年将軍補佐。一七九三年辞職。自叙伝『宇下人言』。

●──田沼意次

●──松平定信　30歳の自画像。

戦前では、前者の見かたが一般的であり、田沼意次とその時代は、金権腐敗、賄賂・汚職のイメージで語られてきた。戦後になって、後者の田沼像が受け入れられ、高等学校の日本史教科書では、賄賂・汚職についてもふれるが、多くの紙面をその積極的な経済政策に割き、どちらかといえば革新的な政治家と評価している。しかし、田沼意次とその時代といえば、金権腐敗、賄賂・汚職を思いうかべることが払拭されているのかどうか、いまだに疑問である。

三大改革論の歴史

つぎに、享保の改革、寛政の改革、天保《てんぽう》の改革を総称して一般的に三大改革と呼ぶが、はたして妥当な理解なのだろうか。近世史研究者が幕府を中心とした政治史のなかで改革と呼んでいるのは、享保、寛政、天保の三つの改革だけではない。

三代将軍徳川家光《いえみつ》の晩年にあたる十七世紀半ばに行なわれた、小農経営の維持・安定をはかった政治を慶安《けいあん》の幕政改革、また、一八二七(文政十)年に、関東全域に改革組合村《かいかくくみあいむら》の結成を指令し、風俗統制や治安の強化をはかった政策を文政《ぶんせい》の改革、一八五三(嘉永六)年のペリー来航と和親条約の締結を契機とした、諸大名らへの対外政策の諮問、江戸湾の台場《だいば》構築、大船建造禁止令の撤廃、海軍伝習所《かいぐんでんしゅうしょ》・蕃書調所《ばんしょしらべしょ》・講武所《こうぶしょ》の設置など一連の施策を安政《あんせい》の改革、一八六二(文久二)年の、公武合体運動のたかまりにおされて、越前(福井県)藩主松平慶永《よしなが》を政事《せいじ》総裁職、一橋家の徳川慶喜《よしのぶ》を将軍後見職に任命し、京都守護職《しゅごしょく》の設置、参勤交代の三年に一回への緩和などの政策を文久《ぶんきゅう》の改革と呼ぶことがある。

また、十七世紀後半の五代将軍徳川綱吉の初めのころの政治を天和《てんな》・貞享《じょうきょう》の治《ち》▲、十八世紀初頭の新井白石《はくせき》の政治を正徳《しょうとく》の治▲と呼び、改革とはいわないものの、多くの新しい政策がみられた個性的な幕政の展開期として理解されている。

江戸時代にも「改革」という表現はあるものの、享保の改革とか寛政の改革とかの呼びかたがあったわけではなく、まして三大改革などという用語はない。享保の改革や三大改革は、近代歴史学の造語である。しかし、享保、寛政、天保期の政治を三大改革とするとらえ方は、江戸幕府の解釈でもある。

一八四一(天保十二)年五月十五日に、幕府の諸役人が江戸城の広間に集めら

▼天和・貞享の治　大老酒井忠清を罷免し、綱吉が親政。代官の大幅更迭、忠孝奨励、鉄砲改、長崎貿易制限など。

▼正徳の治　六代家宣、七代家継時代の新井白石・間部詮房による儒教に裏打ちされた政治。正徳金銀鋳造、長崎新例や将軍の対外的な呼称を日本国王に変更など。

▼水野忠邦　一七九四〜一八五一年。越前守。遠江浜松藩主。老中となり、一八四一年大御所家斉死後天保改革を断行。四三年罷免。翌年再任されたが間もなく失脚。

れ、老中水野忠邦▲から将軍の上意《じょうい》を伝達された。将軍の上意は、「御政事之儀、御代々之　思召者《おぼしめしは》勿論之儀、取分《とりわけ》享保、寛政之　御趣意に不違様《たがわざるよう》　思召候付、何も厚心得可相勤《あいつとむべき》旨」（『幕末御触書集成』第一巻、一七ページ）というものであった。また、それと同時に老中から行なわれた趣旨説明の演説のなかでも、「自今以後《じこんいご》、　御代々様被仰出《おおせいだされ》候儀は勿論、分而《わけて》享保、寛政之御政事向《むき》に相復《あいふく》し候様との　御儀」（同前）と述べられた。

この将軍の上意と老中の演説は、天保の改革の断行を宣言したものである。これから行なわれようとする御政事（天保の改革）は、享保と寛政の御政事を模範とし、政治や社会をその時代にまで引き戻すことをめざすという趣旨である。ここには、模範とすべき享保、寛政の政治につづく幕府政治の改革であることが表明されていて、幕府みずからが三回目の大改革という認識をもっていた。それゆえ三大改革論は、「江戸幕府史観」ともいえる。

そのような認識は、改革担当者の人的・血縁的な系譜のなかにも、色濃くみることができる。

享保の改革を主導した将軍徳川吉宗は、徳川家康の孫である紀伊藩主徳川光《みつ》

●—水野忠邦

●—徳川吉宗

貞《さだ》の子であるから、家康の曾孫《ひまご》にあたり、「諸事権現《ごんげん》様（徳川家康）御掟《おきて》の通り」を標榜し、家康を前面に押し立てて改革政治を行なったことはよく知られている。寛政の改革を担当した老中松平定信は、徳川吉宗の子で御三卿《ごさんきょう》▲のひとつ田安《たやす》家の徳川宗武《むねたけ》の子であるから、吉宗の孫である。松平定信は、祖父の吉宗の政治を模範とすることを唱え、改革政治を推進した。

天保の改革を担った老中水野忠邦は、徳川家の血縁とはほとんど関係ない。しかし、改革政治を開始してまもなく、異例にも外様大名である信濃松代《まつしろ》（長野市）藩主真田幸貫《さなだゆきつら》▲を老中に登用した。水戸藩主徳川斉昭《なりあき》の推挙があったことも理由のひとつであるものの、真田幸貫の実の父が松平定信であったことが、老中登用の有力な理由であったと推測される。すなわち、幕政改革の血縁ともいうべき系譜に連なる真田幸貫を登用したことには、天保の改革を享保、寛政の改革に血縁的につなげることにより権威づけ、正当化しようとする意図がこめられていたと考えられる。

▼**御三卿**　徳川将軍家親族で、田安・一橋・清水家をさす。田安家と一橋家は将軍吉宗の子、清水家は将軍家重の子を祖とする。領知一〇万石で、家老など要職は幕府から付けられた。

▼**真田幸貫**　一七九一〜一八五二年。信濃松代藩主。松平定信の子で真田家の養子。老中となり天保改革を推進。家臣に佐久間象山。

三大改革論の研究史

近代の日本史学研究で、享保、寛政、天保の三つの改革を三大改革とする理解がいつから始まったのか、筆者にはよくわからない。第二次大戦前の研究の到達点を示すと考えられるのは、一九四四(昭和十九)年刊行の本庄栄治郎▲編『近世日本の三大改革』(日本経済史研究所経済史話叢書、龍吟社)であり、書名に三大改革を用いている。同書の冒頭に、「江戸時代は二百五十年の太平(中略)その間に於て自ら世態の変遷があり、政治の伸張弛廃があつた。従つて庶政革新の努力が払はれたことも少くないが、世に江戸時代の三大改革と称せらるるものは、享保・寛政及天保の治が之である」(同書、四ページ)と述べられている。本文では、江戸幕府による「庶政革新《しょせいかくしん》」の試みとして三つの改革を三大改革と一括し、改革政策の内容と変化、およびその効果を論じる構成をとっている。そして封建経済とは異質な貨幣経済の発展と、商人資本の台頭という経済的変化を基礎として、三大改革による対応も効果なく江戸幕府は崩壊した、という筋立てになっている。

第二次大戦後いち早く三大改革を論じたのは、津田秀夫『江戸時代の三大改

▼**本庄栄治郎**　一八八八〜一九七三年。大正・昭和期の日本経済史学者。京都大学、大阪商科大学、大阪府立大学教授などを歴任。著書に『徳川幕府の米価調節』『西陣研究』などがある。

革』（アテネ文庫、弘文堂、一九五六年、のちに『封建社会解体過程研究序説』塙書房、一九七〇年、所収）であり、これも書名に三大改革を用いている。同書は、たんに貨幣経済あるいは商品経済の発展と幕府・藩の財政窮乏を説くのみではない。幕藩制社会の危機を論じ、それへの対応策として幕政改革をとらえようとする研究へと発展させ、研究史上に重要な役割を果たした。ただ、三つの改革を幕藩制社会の危機に対応する三大改革、としてひとくくりに理解する点では、『近世日本の三大改革』と同じ主張をもっている。この著作により、享保、寛政、天保の三つの改革を、幕藩制社会の危機に対応する三大改革として一括して理解する三大改革論が、近世史研究のなかにほぼ完全に定着した。

三つの改革をともに幕藩制国家と社会の危機への対応策として把握する理解、これを三大改革論と定義すると、そのような三大改革論の是非は、一部を除いて論じられることがなかった。しかし、すでに指摘したように、江戸幕府の改革はその三つだけではなかったことからすれば、その三つの改革を取り出して三大改革と呼ぶのは、「江戸幕府史観」ともいうべきものであろう。

たしかに、十八世紀初めから十九世紀半ばにいたる百数十年のあいだで、享保、寛政、天保の三つの時期に、幕府政治のさまざまな面に改革のメスが入れられたことは事実である。だが、三つの改革を三大改革としてひとくくりにし、ともに幕藩制の危機への対応策として並列的に理解することには問題が多い。なぜなら、近世史のなかの時期区分の問題、とくに幕藩制国家・社会の解体過程の起点をどこにおくのか、という問題と密接に関わっているからである。

近世史の時期区分と享保の改革

現在使われている高等学校日本史教科書の多くが、幕藩制国家・社会の解体過程を意味する「幕藩制の動揺」という一章をたて、その最初のところに享保の改革をおいて、幕藩制の動揺への対応策として説明し、そのあとに寛政、天保の改革を順次配置している(そのあいだに田沼時代、大御所時代を挟んでいる)。なお、中学校用教科書であるが、『新しい歴史教科書』(扶桑社、二〇〇一年版)などは、元禄期(一六八八〜一七〇四)ははや解体期であるという理解なのであろうか、元禄時代を「幕府政治の動揺」という幕藩制解体期の章に入れて説明している。これらは、三大改革論というとらえ方をよく示す構成であり、日本史教科書の通説的な地位を占めている。問題の核心は、享保の改革が幕藩制社会の危機への対応策として位置づけられているところにある。

享保の改革の研究史で紹介するが、第一に、津田秀夫説に対しては、もともと辻達也・北島正元・山口啓二氏らによる批判がある。第二に、現在の近世史研究の通説的な位置にあると筆者は理解している、十八世紀後半の宝暦《ほうれき》・天明《てんめい》期(一七五一〜八九)に近世史の画期をおく解釈との整合性が問われる。とくに第二の点は、明治維新の起点、あるいは近世の解体のはじまりはいつか、という問題とわかちがたい論点である。このように三大改革論は、近世史の時期区分と密接に関係している。

結論的にいうと、本書では、三大改革論の立場にはたたない。幕藩制国家と社会の解体過程の起点を宝暦・天明期におき、それへの政治的対応策が寛政と天保の改革であると理解する、いわば「二大改革論」である。

②—享保の改革

享保の改革の研究史

享保《きょうほう》の改革を幕藩制国家と社会の歴史のどこに位置づけるのかは、非常に重要な論点なので、すこし研究史をさかのぼってみたい。

享保の改革は幕藩制の危機への対応策であると、津田『江戸時代の三大改革』によって歴史的な位置が与えられた。その危機とは何か。それは、現物年貢を取り立てる領主と、商品生産を発展させる小農との対立・矛盾の激化により生まれたものであるという。この考え方は、近世社会が解体する要因を封建経済とは異質の貨幣経済の発展に求める、さきの『近世日本の三大改革』にも通じる見解である。享保の改革を幕藩制の危機への対応策として理解し、近世の解体過程に位置づける津田説に対して、二つの反対論が出された。

ひとつは、享保改革期の徳川吉宗▲の政治は、幕藩制の危機の段階ではなく、十七世紀末から十八世紀後半、すなわち元禄（一六八八～一七〇四）から天明期（一七八一～八九）にいたる将軍専制政治の一時期として理解する辻達也『享保改

▼徳川吉宗　一六八四～一七五一年。八代将軍。在職一七一六～四五。紀伊藩主徳川光貞の子で、家康の曾孫。享保改革で財政再建と幕政全般の再編に取り組んだ。

革の研究』(創文社、一九六三年)、さらには、享保期(一七一六〜三六)は幕藩制の解体期ではなく確立期に位置づけるべきだとする北島正元『江戸幕府の権力構造』(岩波書店、一九六四年)がある。津田説が、どちらかといえば経済史的な観点からなのに対して、辻・北島説は、政治史的な面からの理解という違いがある。いずれにしても、近世史における享保期の歴史的位置づけは、近世の解体期か確立期かという正反対の理解になっていた。

いまひとつは、享保の改革がはじまる直前の年貢率の低下が重要な論点となった。享保期は幕藩制の危機の段階であると主張する津田説の根拠となったのは、享保期の前段階において幕府領などで年貢率が低下したという問題であった。大石慎三郎『享保改革の経済政策』(御茶の水書房、一九六一年)は、小農経営の発展により農民の手元に剰余が生まれ、それが幕藩制の危機をもたらすと主張した。これは、年貢率の低下に幕藩制の危機の成立を主張する津田説に通じる考え方である。

津田説を支える年貢率の低下について、実証面で疑問を提示したのが山口啓二氏であった。一九五六(昭和三十一)年度歴史学研究会大会「時代区分上の理論的諸問題」での津田報告に対して、歴史事実として年貢率の低下を実証的に論証できるのだろうかと疑問を出された。さらに、享保期は幕藩制の危機の段階ではなく、享保の改革は幕藩制の展開にともなって生まれた矛盾への対応策として理解すべきであると論じた。享保の改革は幕藩制の危機への対応策ではなく、近世社会と経済の発展に対応する幕政の展開期であるという理解を、山口『鎖国と開国』(岩波書店、一九九三年)でも示されている。

なおのちに津田説は、幕藩制の危機を初発的危機と本格的危機の二段階に分け、享保の改革は初発的危機への対応策と整理しなおされた。その後、一九七六年に出された高尾一彦「経済構造の変化と享保改革」(『岩波講座日本歴史』近世3)は、幕藩体制の大がかりな手なおしとしての享保の改革研究は、津田・大石の水準を越えていないと指摘し、おおむね津田・大石享保改革論が通説的な理解となった。

幕府財政と幕府領石高・年貢量

享保の改革を考えるうえで、①幕府は、元禄期《げんろくき》(一六八八〜一七〇四)になってはじめて財政赤字を体験したこと、②元禄期の商品生産の発展が、それまでと異なる物価問題を引き起こしたこと、③幕政への信頼回復に腐心したこと、などに注目する必要がある。とくに①が主要な問題であり、その解決のための悪戦苦闘が改革の中心となった。

幕府財政は、四〇〇万石《ごく》におよんだ幕府領（直轄領）からの年貢収入と、佐渡相川《あいかわ》（新潟県佐渡市）、伊豆▲、但馬生野《たじまいくの》（兵庫県朝来市）、石見《いわみ》大森（島根県大田市）などの鉱山からの収入により、諸大名を圧倒する豊かな経済力をもっていたといわれる。その幕府が、十七世紀末の元禄期になって、はじめて財政の赤字を体験した。明暦《めいれき》の大火▲や将軍徳川綱吉の奢侈《しゃし》▲という要因があるとはいえ、財政収入の大きな柱のひとつであった鉱山収入が、鉱脈の枯渇などにより大減収となったことに、大きな原因があるのではないか。

幕府領は、十七世紀末に四〇〇万石といわれるが、一七一六（享保元）年以前の幕府領の石高《こくだか》や年貢量などはよくわからなかった。しかし、一六五一（慶安四）年以降の幕府領石高と年貢量および年貢率を記した史料が、元三河吉田（愛知県豊橋市）藩主松平（大河内）家文書のなかから発見され（藤田「江戸時代前期の幕

▼**伊豆金山**　静岡県伊豆地方の金銀山の総称。土肥が主要で、一五七七（天正五）年から五〇年ほど操業。修善寺などの鉱山は、近世初期の短い期間で廃鉱した。

▼**明暦の大火**　一六五七年一月の江戸大火。江戸城天守閣から大名屋敷、町屋まで焼き尽くした。死者数万。江戸市街の大改造が行なわれた。

▼**徳川綱吉の奢侈**　生活面のほか、護持院、湯島聖堂、寛永寺根本中堂、寛永寺本坊、増上寺などの造営・再建費用が大きかった。

領石高・年貢量に関する新史料」『史学雑誌』一〇四編一〇号、一九九五年、に紹介した）、享保の改革以前に幕府領からどれくらいの収入があったのか、その推移がわかるようになった。享保の改革にとってもっとも重要な財政の問題を、その史料により少し詳しく考えてみたい。

幕府領の石高は、一六五〇年代から六〇年代は、実は二八〇万石から二九〇万石ほどにすぎなかった。それが一六八〇年代に急増し、三八〇万石から三九〇万石台に達し、約二〇年間で一〇〇万石、率にして三六パーセントもの増加をみている。元禄九年と十年を例外として、元禄期はおおむねその石高で推移し、享保の改革の直前に四〇〇万石になっている。そして、享保の改革のさなか、一七三〇年代に四五〇万石に達し、享保の改革の期間に約五〇万石、率にして一二パーセントの増加がみられた。その後の幕府領の石高は、漸減しながら幕末を迎える。

幕府領の石高の増加は、鉱山収入などの年貢外収入の減少と反比例している。鉱山収入の減少を補うように、幕府領が増加した。このことは、幕府領からの年貢が、財政収入の唯一の基盤になっていったことを意味する。幕府領の石高

●—幕府領の石高と年貢収納高Ⅰ

年	幕府石高(石)	年貢収量(石)	年貢率(%)
＊1651	1,590,911	665,280	0.4182
＊1652	1,602,290	598,320	0.3734
＊1653	1,610,910	608,760	0.3779
＃1656	1,224,900	427,120	0.3487
1657	2,925,470	1,119,530	0.3827
1658	2,916,540	1,033,550	0.3544
1659	2,916,600	1,114,270	0.3818
1660	3,064,770	979,050	0.3195

＊：上方分のみ、＃：関東分のみ

が二八〇万石台であった一六六三(寛文三)年から一六七二年の一〇年間、米に換算した年貢収量の平均は一〇二万七九八一石、平均の年貢率は三五・八三パーセントであった。幕府領の石高が三八〇万石から三九〇万石台であった一六八六(貞享三)年から一六九五年の一〇年間は、平均の年貢収量が一三〇万二九六七石、平均の年貢率が三三・五七パーセントであった。享保の改革の直前の一〇年間である、一七〇六(宝永三)年から一七一五(正徳五)年の幕府領の石高は四〇〇万石で、平均の年貢収量が一三一万九五七四石、平均の年貢率が三二・二九パーセントとなっている。

四〇年のあいだに、年貢収量は三〇パーセントも増加しているが、注意したいのは年貢率は三・五パーセント下がっていることである。年貢率は、不作や凶作があるとすぐ低下するので、必ずしも平均的な作柄の年にも低下しているとは即断できないが、さきの史料は、享保の改革の前段階で年貢率が低下したという津田説を裏付けているようである。幕府領の石高と年貢収量は、たしかに増加した。しかし、石高の増加と収量の増加が比例しない、すなわち年貢率の漸減していることが問題だったと思われる。

●幕府領の石高と年貢収納高Ⅱ

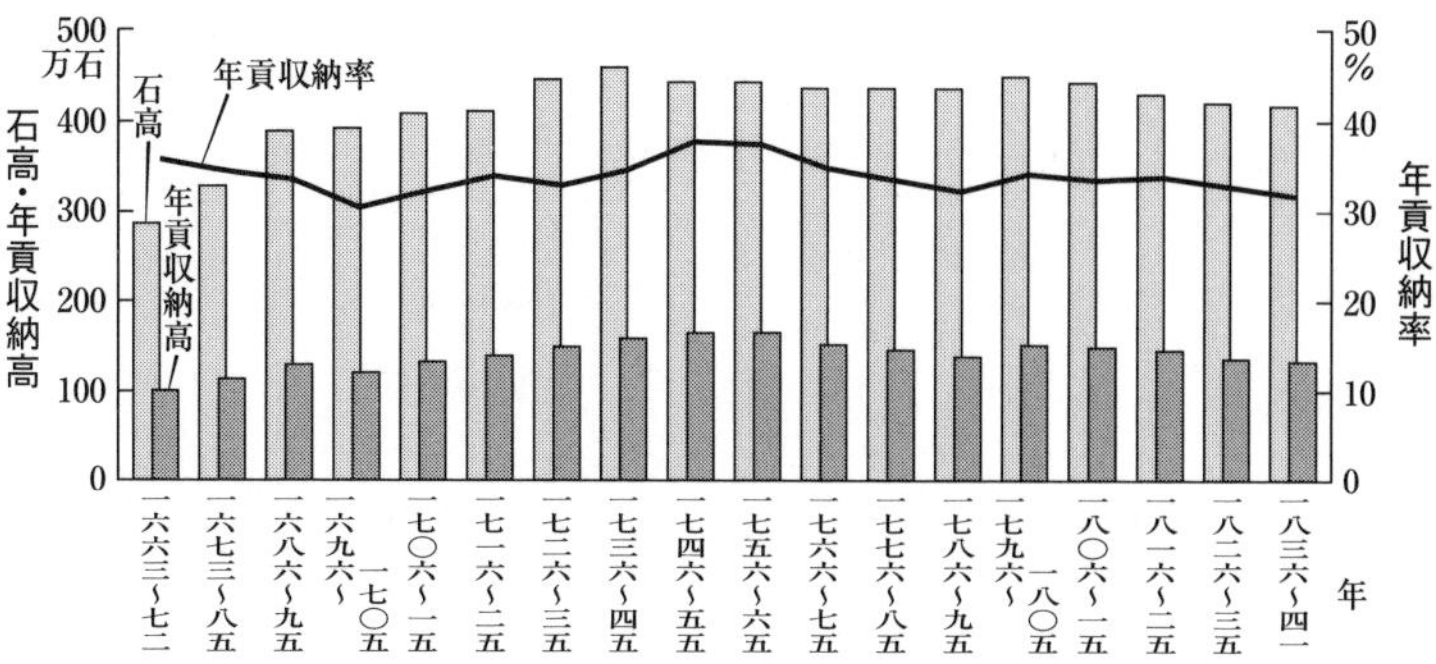

享保の改革の年貢政策

享保の改革がはじまって一〇年間(一七一六～二五年)、石高は四一二万石で平均年貢収量が一三九万五七八二石、平均年貢率が三三・八八パーセントである。つぎの一〇年間(一七二六～三五年)は、石高は四四七万石で平均の年貢収量が一四七万七三五〇石、平均の年貢率が三三・〇二パーセントだった。享保の改革末期の一〇年間(一七三六～四五年)は、石高が四五九万石、平均の年貢収量が一五八万〇四〇四石、平均の年貢率が三四・三八パーセントとなっている。将軍は九代徳川家重《いえしげ》に代わっているが、交代直後の一〇年間(一七四六～五五年)は、石高が四四二万石、平均の年貢収量が一六六万六八四五石、平均の年貢率が三七・六四パーセントである。ちなみに、その後の一〇年間もほぼ同様の数字で推移している。

この数字の推移が意味するものを、いくつか指摘しよう。享保の改革の直前と比較すると、改革の全期間を通じて幕府領の石高は一〇パーセント、年貢収量は二〇パーセント、年貢率も二パーセントほど増加し、改革の成果は着々とあがっていた。しかし、改革開始直後の一〇年間は、幕府領の石高と年貢収量

▼上げ米令　幕府財政難対策として一七二二年、大名に一万石につき一〇〇石の献納を命じた。代わりに参勤交代を緩和。三一年廃止。

▼定免制　徴税法の一つ。過去数年間の年貢高の平均を基準に年貢高を決め、三年、五年と一定期間固定する。著しい不作以外は年貢を減免しない。

▼有毛検見法　田畑の上田、下田などの等級と関係なく、現実の収穫量を基準にして年貢量を決める方法で、勘定奉行神尾春央が導入し、年貢増徴に大きく貢献した。

はさして増えていない。そこから、一七二二(享保七)年に、大名から領知高一〇〇石につき米一石の献上を命じた上《あ》げ米《まい》令▲と、新田開発を奨励する高札《こうさつ》を江戸日本橋に掲げた背景が理解できる。

享保の改革の終わったあとの一〇年間をみると、定免《じょうめん》制▲と有毛検見《ありげけみ》法▲による年貢増徴策が大きな実を結んだのは、徳川吉宗の引退後であったことがわかる。だが、それを頂点にして、田沼時代には年貢収量と年貢率がともに低下し、年貢増徴政策は限界に達した。このため田沼時代に、年貢の増徴ではなく蝦夷《えぞ》地《ち》や印旛沼《いんばぬま》の大開発、さらに商業、金融、貿易などにあらたな財源を求めざるをえなかった背景である。また、寛政の改革で年貢増徴策を出せなかった客観的な事情も理解できる。

幕府財政の赤字転落の要因に鉱山収入などの減少があり、そのため幕府領を増やすことにより年貢の増加をはかった。しかし、幕府領の増加と年貢収量の増加が比例しない、すなわち年貢率が漸減するという事態に直面したのが、享保の改革直前の状況であった。享保の改革では、幕府財政の唯一の収入源に近くなった幕府領を増やし、そこからの年貢収量を増やすために年貢率を上昇させることが、もっとも重要な課題となった。そのための定免制や有毛検見法だけではなく、大石学『享保改革の地域政策』(吉川弘文館、一九九六年)が指摘するような、幕府が必要とする物資を江戸周辺農村、あるいは関東の幕府領からキメ細かに納入させる策がとられている。また、農民の年貢負担能力を高めるために甘藷《かんしょ》栽培を奨励▲したり、殖産興業《しょくさんこうぎょう》のためキリスト教と関係のない漢訳《かんやく》洋書の輸入が緩和▲された。

それらの重要課題を担当する役所である勘定所の抜本的改革と充実がはかられ、民政に優れた人材を登用し、代官として幕府領支配の前線に配置した。田中丘隅《きゅうぐ》、蓑笠之助《みのかさのすけ》(正高)、辻守参《もりみち》ら「地方巧者《じかたこうしゃ》」▲が輩出したのはその結果である。幕府の奉行所や役人組織の整備がなされたが、幕府財政の再建こそ改革の第一の課題であったことから、勘定所の整備がもっとも徹底して行なわれた。勘定所に限られないが、人材の登用と抜擢をすすめるために採られたのが足高《たしだか》の制▲で、大岡忠相《ただすけ》、神尾春央《かんおはるひで》らが有名である。

▼甘藷栽培の奨励　享保改革で奨励され、関東でも栽培されるようになった。青木昆陽『蕃藷考』が救荒用として重要性を説いた。

▼漢訳洋書の輸入緩和　一七二〇年、中国で洋書を漢文に翻訳した書物のうち、キリスト教に関係ないものの輸入を許可。洋学発展のきっかけとなった。

▼地方巧者　農村支配に巧みな役人のこと。享保改革で幕領支配の強化のため、農政に有能な人材が登用された。

▼足高の制　一七二三年、役職に就任する者の家禄がその役高に足りない場合、在職中に限り不足額を支給した。人材登用策の一つ。

新たな物価問題の発生

米年貢の収入が増えても、それが財政収入の増加に直結しないという問題に直面したのが享保の改革であった。すなわち、「米価安の諸色高《しょしきだか》」▲といわれる状況である。これはまさに、十七世紀後半からの商品生産の発達により生まれた新たな問題であった。それまでの非自給物資を購入するための商品生産という段階から、もっぱら販売するために生産する商品生産の段階への発展がもたらした矛盾である。

商品の価格は、米価によって規定されるのではなく、労賃や肥料代など独自の要素で決まるようになった。この「米価安の諸色高」を解決しなければ、年貢収納の増加が財政収入の増加に直結しない。そこで、株仲間▲の公認、堂島《どうじま》米市場▲の公認などにより諸物価の安定と下落をはかったのである。あらたな経済情勢に対応した市場・流通策であるが、それは幕府の財政問題の解決策として発想された。ただしこの時の物価問題は、元文《げんぶん》金銀の鋳造によりようやく安定をみた。

▼**米価安の諸色高**　米価が下がっても他の品(諸色)の価格が下がらないため、一七二四年に諸色価格引下げ令が出された。米価に諸色価格が連動しなくなった。

▼**株仲間**　幕府などが公認した独占的な商工業者の同業組合。一七二四年、享保改革の物価統制策として二二品目の問屋に結成を命じた。

▼**堂島米市場**　一六九七年大坂堂島に米市場が移転し、一七三〇年に帳合米取引(空米取引)が許され、米相場の中心となった。

●──堂島米市場の賑わい

法と裁判制度の整備

　幕府成立から一〇〇年以上経過して、現実とそぐわないものが幕府の機構や法、制度のなかにめだってきた。それへの対処も、享保の改革で求められた。徳川綱吉の強烈な恣意《しい》により出された生類憐《しょうるいあわ》れみの令▲の歴史的意義はともかく、当時の人々にとっては紛れもない悪法であった。幕府もそれに気づいていたが、綱吉の生存中は撤回できなかった。綱吉が一七〇九(宝永六)年に亡くなるや直ちに廃止したことは、そのあたりの事情をよく物語っている。悪法生類憐れみの令への厳しい批判は、将軍と幕府それ自身に向けられた。それゆえ間部詮房《まなべあきふさ》や新井白石《あらいはくせき》たちの正徳の治では、幕府に対する信頼を回復するため、政治的・道徳的な反省に基づいた政治がめざされた。とくに裁判の公正さや迅速さの確保は、人々の幕府への信頼ともっとも密接に関わることから重視されたが、白石は失脚し途中で終わってしまった。

　あとをついだ享保の改革は、間部詮房と新井白石の政治を批判したが、元禄時代(一六八八〜一七〇四)の政治に対する反省は引き継がれた。徳川吉宗は、古学派《こがく》の荻生徂徠《おぎゅうそらい》に政治のあり方を諮問して『政談《せいだん》』の提出をうけ、また、新井

▼**生類憐れみの令**　徳川綱吉が一六八五年から出した殺生禁止令。犬・牛・馬・鳥の保護を命じ、違反者への厳罰と野犬養育費の転嫁により、悪政として不満が高かった。

白石の推挙で幕府儒者となった朱子学者の室鳩巣《むろきゅうそう》を侍講《じこう》とするなど、儒学者の言によく耳を傾けたのもその表われである。江戸そのほかに設けた目安箱《めやすばこ》は、人々の不満や批判さらには建言を直接に将軍が聞くという姿勢を示すことにより、その信頼を得ようとしたものである。そのなかから、小石川養生所《ようじょうしょ》の設置や江戸の防火策が立てられたことは有名である。

さらに、一七四二(寛保二)年にできた公事方御定書《くじかたおさだめがき》▲(御定書百箇条)は、それ以前の吟味筋《ぎんみすじ》と呼ばれた刑事事件の判例を精査し、量刑を定めて裁判の公正化をはかった。これにより、裁判を担当した奉行の個人的判断ではなく、基本法典に基づいて判決を下すので、公正さが保障された。金銭貸借や売掛金のもつれに関する訴訟を取り上げず、当事者同士で解決することを命じた相対済《あいたいすま》し令▲も、さまざまな批判を受け、金融を混乱させたが、もともとは裁判の迅速化と関わって出された法であった。

たしかに享保の改革は、幕藩制の多面にわたる手直しや新しい機軸を打ち出しているので、その歴史的な意義づけには多様な解釈が可能であろう。しかし、享保の改革を幕藩制の危機への対応策とみることはできない。

▼**公事方御定書**　徳川吉宗の命で編纂が始まり、一七四二年にできた法典。下巻は判例に基づいて科料を定め、御定書百箇条とも呼ばれ三奉行など以外は見ることができなかった。

▼**相対済し令**　幕府が、金銭貸借などの訴訟(金公事)を受理せず当事者で解決するよう命じた法。一七一九年が有名。訴訟の激増で他の訴訟や政務に支障が生じたため。悪用して借金を踏み倒す旗本らが続出。

●松前の宿舎でくつろぐラクスマン一行

③寛政の改革

寛政の改革の歴史的位置

寛政《かんせい》の改革は、近世史のどこに位置づけられるのかが重要になる。大きくわけて二つの面から、この問題を考える必要がある。その一つは、近世史研究の流れからすれば宝暦《ほうれき》・天明《てんめい》期論との整合性をつけた位置づけ、もう一つは、近世の終焉、すなわち幕末・維新期を視野に入れた位置づけが必要である。

天明期(一七八一〜八九)には、深刻な凶作と飢饉《ききん》が連続して何十万もの餓死《がし》者が出た。村は荒廃し、未曾有《みぞう》の激しい一揆や打ちこわしが激発した。このような事態がおこった深部の要因には、十八世紀後半の宝暦・天明期に進行した近世社会の基礎構造の変化がある。それゆえ、幕藩制そのものの危機が生まれたと理解できる。そこから、寛政の改革は、基礎構造の変動がもたらした危機から、幕藩制国家を救い出すことをめざした政治改革であったといえる。

さらに、国内問題とともに対外関係の変化は、享保《きょうほう》の改革の段階とは決定的に異なる十八世紀末の日本が抱えこんだ新たな問題であった。北方からのロシアの接近が噂されていたが、一七九二(寛政四)年には、ロシア使節ラクスマンが来日して通商を求める事件がおこり、対外的な危機が現実に迫ってきた。十九世紀に入ると、圧倒的な生産力と軍事力を背景に、全世界を資本主義的世界市場に強制的に編入しようとする欧米列強の圧力が東アジア地域に及び、その先端がわが国にも加わり始める。これにより、幕藩制国家のそれまでの対外的秩序は動揺し、新たに対外的な危機への対応を迫られた。

寛政の改革を理解するには、内憂外患《ないゆうがいかん》▲への政治的対応策としてとらえる視点が重要である。国内問題と対外問題をバラバラにしたのでは、寛政の改革の歴史的位置がわからなくなる。寛政の改革が行なわれた十八世紀末は、国内の危機と対外的危機が同時に進行しはじめた時期であり、まさに内憂外患の時代の到来である。それは、内憂外患に直面して幕藩制国家と社会が体制的な危機を迎えた時期であるとともに、近世から近代へ歴史が転換する幕開けでもある。

明治維新の政治史的起点

幕藩制国家と社会の終焉である幕末から明治維新期の政治過程を展望すると

▼**内憂外患**　国内の危機と対外的危機。水戸藩主徳川斉昭が『戊戌封事《ぼじゅつふうじ》』(一八三八年)のなかで用いている。

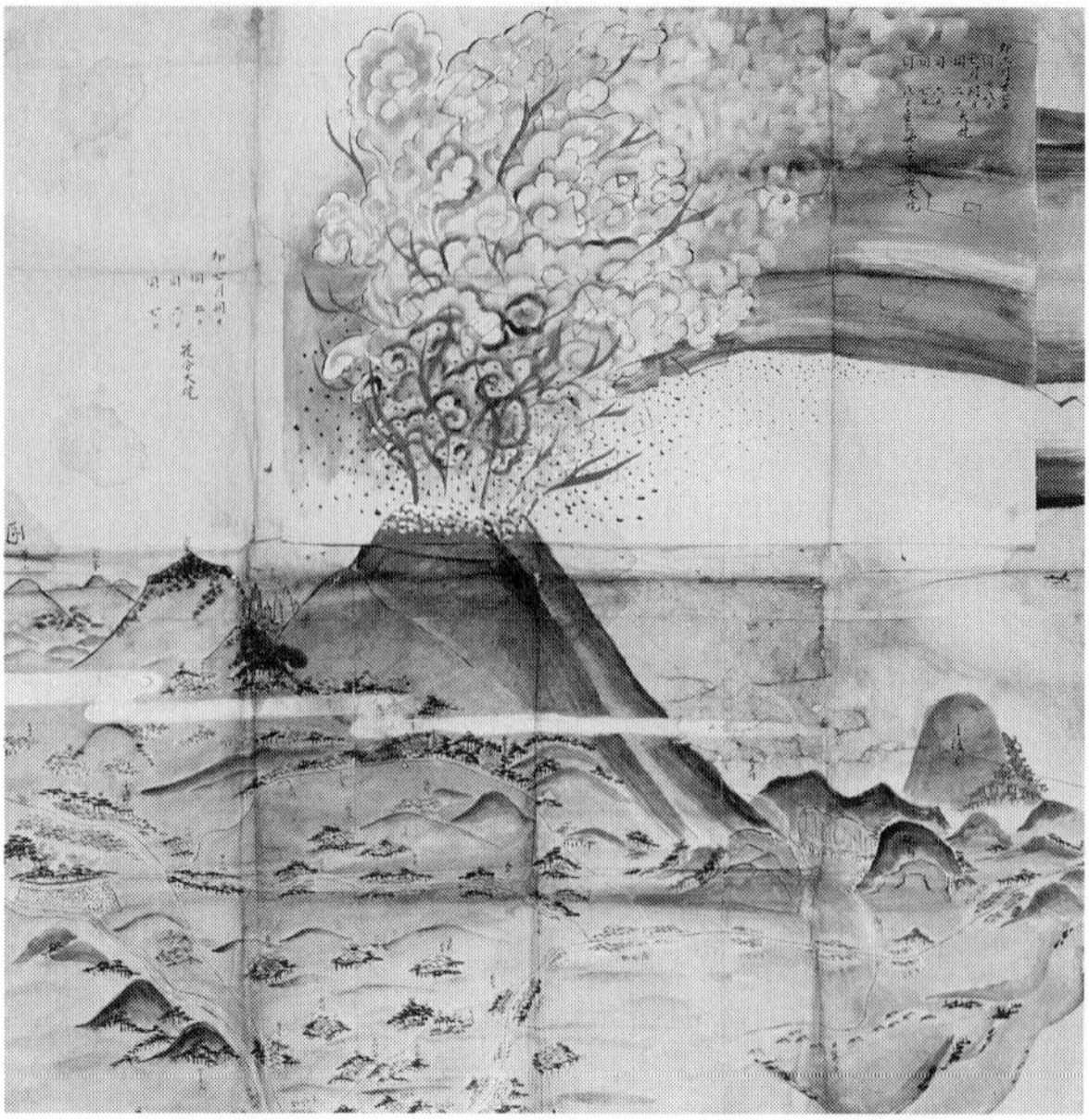

●──浅間山の噴火　天明3(1783)年。

●──天明飢饉の図　会津地方の惨状を描いた。

き、民衆支配の解体と深刻な対外的危機とともに、①天皇・朝廷が政治的権威を強め、幕末政争の中心に浮上したという事実、②近世日本の国土と人民を支配する機構である幕府と藩が対立し分裂したという問題が重要である。天皇・朝廷の政治的権威の強化、幕府と藩の対立・分裂を、幕末維新期になって突如として生まれた事態と考えるのは、あまり歴史的な理解とは言いがたい。そのような朝廷や藩の動向が、いつどのような契機で生まれるのかを明らかにすることが必要である。

十八世紀末のいわゆる尊号《そんごう》事件▲(尊号一件)にみられる朝廷と幕府とのあいだの緊張した関係は、江戸時代の初期以来なかった出来事であり、これよりのち、幕府は天皇・朝廷の問題を政治課題として正面から取り組まざるをえなくなった。また、多くの諸藩では、幕府の寛政の改革と前後して藩政改革に取り組んでいる。研究史的には中期藩政改革▲と呼ばれるこの時期の藩政改革は、出羽米沢(山形県米沢市)藩の上杉鷹山《ようざん》のような「名君」が、数多く輩出したことで知られる。その改革のなかで採用された経済政策、すなわち殖産興業《しょくさんこうぎょう》▲と藩専売制《はんせんばいせい》▲などにより、藩を一つの国家(藩国家というべきか)とみなす意識と実態が強まった。

▼尊号事件　五〇ページ参照。

▼中期藩政改革　五一ページ参照。

▼殖産興業　農工業における産業振興。従来からの特産物生産の振興に加え、新たな産業の導入・育成が図られた。

▼藩専売制　藩が流通を独占し利益を得ようとした制度。初期からあるが、中期以降の藩財政窮乏対策として、特産物の育成と流通統制が盛んに行なわれた。

その結果、明確に表面化したわけではないが、藩の「自立化」、すなわち幕府との対立の契機が生まれ始めたことが重要である。

近代への移行、明治維新の変革を射程に入れて考えると、近世社会の基礎構造の変動、対外的危機の到来、天皇・朝廷の政治的浮上、諸藩の「自立化」などの点から、寛政の改革期は、政治史的には明治維新の起点であり、幕藩制国家と社会の解体の起点と位置づけることができる。

寛政の改革の特徴

内憂外患の体制的な危機を迎えた段階で行なわれたため、寛政の改革は、幕藩制国家と社会を成り立たせてきた諸要素を再強化するため、本格的な改革のメスが入れられた。その改革政策の特徴は、復古的とか保守的であるとよくいわれる。たしかに、その性格が強烈である。

しかし、単純に復古的で保守的なのではない。幕藩制国家と社会を成り立たせてきた原理的な仕組みや制度を、成立から約二〇〇年近くたった十八世紀末という歴史段階を踏まえて再強化しようとしたことに注意しなければならない。

また、江戸時代初期以来、明確な法による規定や枠組みを与えられることなく、それなりの変化を遂げながら続いてきた諸関係・諸要素も多い。一定の歴史的な総括をしながら、曖昧であったものには法的な規定を与え、制度的な枠組みを作り上げようとしたことが重要である。

内憂、すなわち国内の矛盾や危機への対応策からみてみよう。その特徴は、それ以前の田沼時代と比較して復古的・保守的であり、重農主義▲であるといわれる。ここで問われるべきは、なぜ復古的で重農主義なのか、その内実である。

杉田玄白《げんぱく》が、「もし今度の騒動なくば御政事改まるまじなど申す人も侍《はべ》り」(『後見草《のちみぐさ》』)と喝破したように、一七八七(天明七)年五月に激発した天明江戸打ちこわし▲をはじめとする全国的な一揆・打ちこわしが引き金となって、田沼派の重職が失脚するという幕府内部の政変がおこり、松平定信が老中に就任し改革に着手した。その意味で、寛政の改革は「打ちこわしが生んだ改革」なのであり、それこそが改革の原点であった。未曾有の凶作・飢饉の惨状、および江戸を含む全国的な一揆・打ちこわしの激発に象徴的に示された幕藩制の危機をいかに打開するのか、それが改革政治の大きな課題となった。

▼**重農主義**　農業、とくに主穀生産を重視し、商品生産や農村部の商業を抑制する政策。

▼**天明江戸打ちこわし**　一七八七(天明七)年五月二十〜二十三日に、江戸の米屋・質屋など一〇〇〇軒近くが打ちこわされた。天明の飢饉による米価高騰を背景に、下層町人を主体とした。松平定信登場のきっかけとなった。

小農経営の再建策

改革の第一の課題は、解体しつつある村と町の再建にあった。幕藩制国家と社会の基礎は、村共同体を構成する小農経営にあった。これは一般に本百姓体制▲と呼ばれるが、その中核をなす小農経営が分解し始めたところに、もっとも深部の危機が生まれたのである。

幕府財政の困窮に対して、享保の改革では、倹約を中心とする財政緊縮策をとる一方で、定免法の採用などによる年貢増徴策がとられた。しかし、寛政の改革では年貢増徴策を打ち出せる状況にはなく、小農経営を中核とする村の維持と再建に力が注がれた。

天明の飢饉と経済的困難により減少した農村人口を回復させるため、江戸に流入した農村出身者を村に戻そうとして旧里帰農《きゅうりきのう》奨励令▲を出した。また、人口の減少した地域へは、間引《まび》きなどによる人口減少を食い止めるため、小児養育金を支給するなどの策が打ち出された。小児養育金の支給や荒廃した耕地の再開発に必要な資金を供給するため、公金貸付《こうきんかしつけ》政策▲を大規模に行なった。また、小農経営の分解を食い止めるため、一般に重農主義と呼ばれるような商品生産

▼**本百姓体制**　検地帳に登録され年貢・諸役を負担し、村で用水や入会地利用の権利を持つ農民を本百姓と呼び、領主が近世村落の基本的構成員として把握した。

▼**旧里帰農奨励令**　一七九〇年、天明の飢饉で増加した江戸の人口を減らすため、資金を与えて帰村させようとしたが、帰村は四人のみという。

▼**公金貸付政策**　荒地起返並小児養育御手当御貸付金という名称。代官はこれを拝借し、近隣大名領の富裕者に貸し付け、その利息で農村再建策を実施。寛政末年までに一五万両が運用された。

の抑制策をとり、綿や菜種などを除きほかの商品作物の生産を抑えた。幕藩制国家と社会の動揺の原因であるがゆえに、小農経営の解体を押しとどめ、その維持と再建をはかろうとするきわめて原則的な政策がとられた。

商業資本と幕府の主体性

改革の第二の課題は、商業資本対策であった。田沼時代が重商主義的であるのに対して、寛政の改革は商業資本を抑制して重農主義的であると対比的にいわれる。

田沼時代には、人参座《にんじんざ》などをつくって幕府による専売制を行なうとともに、運上金《うんじょうきん》や冥加金《みょうが》の納入と引き換えに、商人や職人の株仲間を広く公認して営業上の特権を与える政策がとられた。これは、財政収入を増やす策であったとともに、株仲間を通じて流通を統制し、それによって物価を抑制しようとすることにおもな狙いがあった。しかし、天明の飢饉のさいには、商人らによる米の買占めや隠匿《いんとく》の前に幕府はなすすべもなく、株仲間政策は、米を中心とする流通や物価の統制に効果を発揮できなかった。

寛政の改革では、座の廃止や株仲間の抑制に努めるとともに、江戸の有力両替商《りょうがえしょう》を中心に豪商を勘定所御用達《ごようたし》▲に登用し、その資金と経験を活用して米価の調節にあたらせた。改革の実態は、抑商政策というべきではなく、幕府が商業資本に対して主体性を確立させ、流通や物価の統制を行なおうとしたと理解すべきである。

一七八九（寛政元）年の棄捐令《きえんれい》▲もまた、商業資本に対する幕府の主体性の確立と関わっている。札差《ふださし》は、俸禄米《ほうろくまい》を担保にして旗本・御家人への金融を担い、悪く言えば彼らを餌食にして巨額の利益を引き出していた。幕府は、旗本・御家人の債務を破棄する棄捐令により札差に大打撃を与える一方、札差への金融機関である猿屋町貸金会所《さるやちょうかしきんかいしょ》を新設し、旗本・御家人に対する札差の金融を統制しようとしている。

重商主義か重農主義か、あるいは抑商主義かといった特徴づけは、表面的な理解にすぎない。その内実は、小農経営の維持と再強化策であり、商業資本に対する幕府の主体性の回復策であり、幕藩制の基本的なあり方の回復を意図した政策であった。

▼**勘定所御用達**　三谷三九郎、仙波太郎兵衛ら江戸の両替商・酒屋など一〇名を登用。米価調節のための買米、御用金上納などで、幕末まで幕府の経済政策を支えた。

▼**棄捐令**　窮乏した旗本らを救済するため、一七八四年以前の札差からの借金の返済を免除。免除総額一二〇万両。

●——郷蔵

▼囲米　米を玄米あるいは籾で備蓄。米価調節と飢饉対策とがあったが、寛政改革では後者を重視。

封建的社会政策の導入

改革では、幕藩制の原則への復帰にとどまることなく、民衆支配にあらたな手法が取り入れられた。それは、封建的社会政策とも呼ぶべきものである。凶作→飢饉→米価高騰→一揆・打ちこわしの激発→体制的な危機、という一七八七(天明七)年の状況のなか、「打ちこわしが生んだ改革」である寛政の改革では、それへの対応策がもっとも重要な政治課題となり、そこに社会政策的な手法が取り入れられた。

飢饉対策としては米の備蓄、いわゆる囲米《かこいまい》▲がある。全国の大名には、領知高一万石につき五〇石を五年間、毎年備蓄することを命じ、幕領農村へは郷蔵《ごうぐら》を設けて貯穀させ、大坂、京都、長崎その他の幕府直轄都市でもさまざまな方法で囲米が行なわれた。

なかでも有名なのが、江戸の七分積金《しちぶつみきん》による町会所《まちかいしょ》の囲米である。町を運営するために町内の地主が負担していた町入用《ちょういりよう》を減額させ、その減額分(年に三万七〇〇〇両)の七分(七〇パーセント)を積金とし、そのうち一万両を囲米の資金にあてた。町会所が、七分積金と囲米・融資の管理運営を行ない、日常的には困窮した地主への低利の融資、病気や老齢で生活苦におちいった住民の救済にあたるとともに、飢饉で米価が高騰した時や風邪が大流行した時などに窮民の救済にあたった。のちの天保《てんぽう》の飢饉のさいに、町会所の囲米の効果もあって江戸では打ちこわしが起こらなかった。凶作・飢饉のさいに、天明の江戸打ちこわしのような下層住民による暴動の再発を未然に防ぐうえで、効果を発揮した。

江戸の石川島の人足寄場《にんそくよせば》▲は、江戸に流入した無宿者《むしゅくもの》で郷里へ戻るあてもなくうろつく者が増加し、治安上の問題となっていたために設けられた。新設の契機はそのような事情からであったので、人足寄場の性格は治安維持の意味合いが強いものの、無宿者に技能を持たせて社会へ復帰させようとするもので、これも社会政策の一部であった。

農村部での小児養育金制度や社倉《しゃそう》としての囲米、さらに人足寄場などの社会政策は、当時の用語で言えば仁政《じんせい》である。鋭くなった幕藩制の矛盾を緩和し、体制を維持するための改良的な政策であった。「名代官《めいだいかん》」として領民から神にまつられるような代官が輩出し、江戸でも「名奉行《めいぶぎょう》」が生まれたのは、このような

▼**人足寄場**　一七八〇年、火付盗賊改長谷川平蔵の提案で石川島に設置。治安維持のため身元引受け人のない無宿者を収容し、更生させ社会復帰を図らせた。

背景からである。

朱子学の正学化と歴史書の編纂

文教政策の本格的な展開も特徴のひとつである。一七九〇（寛政二）年に、朱子学▲を幕府の正学《せいがく》（官学）と定め、湯島《ゆしま》（東京都文京区）の聖堂《せいどう》においてそれ以外の異学《いがく》の講議と研究を禁止した寛政異学《かんせいいがく》の禁《きん》が有名である。五代将軍徳川綱吉の代に林羅山《らざん》の孫信篤《のぶあつ》を大学頭《だいがくのかみ》に任じ、湯島に聖堂を移させて整備するなど、朱子学は事実上幕府の官学《かんがく》としての地位を築きつつあった。この歴史的な事実をふまえ、朱子学の正学、官学という地位を法で定めたのが寛政異学の禁である。そのうえで、あらたな幕政の展開を担う幕臣の教育を盛んにするため、湯島の林家《りんけ》の塾▲を幕府直轄の学問所《がくもんしょ》として大規模に拡充した。さらに、素読吟味《そどくぎんみ》や学問吟味《がくもんぎんみ》という試験制度を設け、幕臣を対象に朱子学の試験を行ない、成績優秀者を表彰した。中国の科挙《かきょ》とは異なるものの、成績優秀者のなかには異例の昇進のきっかけを摑む者もでた。この幕府の文教振興策は、諸大名が藩校《はんこう》を新設したり、あるいは整備・拡充する契機ともなった。

▼**朱子学**　中世では一部の公家や禅僧の学問だったが、江戸時代になると藤原惺窩、その門人林羅山ら朱子学者が輩出。羅山の子孫林家の朱子学や水戸学が支配的な思想となった。

▼**林家の塾**　林羅山の家塾に始まり、はじめ上野忍岡《しのぶがおか》、ついで一六九一年に湯島に移転。一七九七年、幕府の昌平坂学問所となる。

農村でも、儒学や心学《しんがく》▲を使った教諭活動が盛んに行なわれ、教諭所《きょうゆしょ》のような領民教育の施設が作られたところもあった。これらは、教育や教化により民衆を支配に服従させようとする政策であり、『孝義録《こうぎろく》』▲の編集・刊行もその一環であった。

広い意味での歴史書の編纂が、学問所を中心にして活発に取り組まれた。江戸幕府撰の歴史書である『徳川実紀《とくがわじっき》』、『新編武蔵風土記稿』などの地誌書、武家系譜である『寛政重修諸家譜《かんせいちょうしゅうしょかふ》』の編纂などは、寛政の改革の時期に企画されていた。

十七世紀の後半から十八世紀初頭には、林鵞峯《がほう》の『本朝通鑑《ほんちょうつがん》』、山鹿素行《やまがそこう》の『中朝事実《ちゅうちょうじじつ》』『武家事紀《ぶけじき》』、新井白石の『読史余論《とくしよろん》』などの歴史書が作られたが、それらは、幕藩制国家の確立期に、その由来を歴史的に位置づけ正当化した。それに対して、幕藩制国家の動揺・解体期である十八世紀末から十九世紀はじめに編纂された歴史書は、その歴史を実証的にとらえなおそうとする性格のものであった。そこに、幕藩制国家と社会が、曲がり角ないしは解体期に入ったことを読み取らなければならない。

▼**心学**　石田梅岩《ばいがん》が創始した庶民教学。商業行為の正当性を説き受容された。寛政期以降、道話が幕藩領主の民衆教化に活用された。

▼**孝義録**　孝行・忠義・貞節者の善行記録集。一七八九年松平定信の命で幕府儒者が編纂し刊行。孝と忠を軸にした生き方を提示。

対外的危機の発生と鎖国祖法観の成立

ロシアの勢力が千島列島を南下し、一七七八(安永七)年、蝦夷地《えぞち》アッケシ(北海道厚岸町)に渡来し、松前藩に通商を求める事件がおこった。識者からロシアの蝦夷地接近の警鐘が打ち鳴らされるなか、一七九二(寛政四)年には、ラクスマンがロシア使節としてネムロ(北海道根室市)に来航し、伊勢の漂流民大黒屋《だいこくや》光太夫《こうだゆう》らを送還するとともに幕府に通商を要求した。

これに対して幕府は、国法書▲を渡し、すでに定められた国以外と新たな関係を持つことを禁止する国法があると拒否した。しかし、外交交渉の地である長崎に行くようにと指示し、入港許可証として信牌《しんぱい》▲を与えた。幕府は、ロシア船が長崎にやってきた場合は通商を許可するという方針を内々で立て、しかも、ラクスマンに通商が認められるであろうと仄《ほの》めかしている。ところが、一八〇四(文化元)年にレザノフが長崎に来航した時には、国交と通商の要求を拒絶したため、そののち一〇年近くロシアと紛争状態になった。

定められた国以外とは新たに関係を持たないという方針は、ラクスマン、レザノフとの交渉とその後のロシアとの紛争を通して、通信の国(朝鮮・琉球)、

▼国法書　ラクスマンに「礼と法」で対応することにし、回答のさい対外関係の国法として示した。

▼信牌　本来は中国船に渡された貿易許可証。ラクスマンへ長崎への入港許可証として渡した。レザノフはこれをもって長崎に来航。

通商の国(オランダ・中国)以外と新たに関係を持つことを禁じた法、いわゆる鎖国の法が祖法《そほう》▲であるという観念、すなわち鎖国祖法観を確立させていった。

　対外関係を前記の四カ国に限定し、それ以外の国と新規に関係をもつことを禁じた法など、幕府から一度も出されたことはない。しかし、明確に法で定めたわけではないが、一五〇年ものあいだ歴史的な事実として四カ国とだけ関係が持続した。寛政の改革では、その歴史的事実を国法として規定し、さらに祖法にまで高めたのである。ラクスマンに与えた国法書は、四カ国以外とは新規に関係を持たないという国法、すなわち鎖国の法が祖法となる起点となった。

海防策の展開

　幕府は、ロシアなど諸外国がわが国へ接近するという事態を対外的危機と認識し、『海国兵談《かいこくへいだん》』などを著して軍事的な対応の必要性を説いた林《はやし》子平《しへい》を処罰する一方、対外的危機に備える海岸防備策、すなわち海防《かいぼう》策▲を打ち出した。

　一七九一、九二(寛政三、四)の両年、北九州から中国地方の日本海側の沿岸を異国船が航行したのをきっかけに、幕府は諸大名に海岸防備を強化するよう

▼**祖法**　祖先の始めた法。対外関係を四カ国に制限する法を祖法とした。家康は広く諸外国と関係を持ったので、矛盾する。

▼**海防策**　寛政改革では、対外的危機に対応するため、寛永末年以来一五〇年ぶりとなる異国船取扱い令と海岸防備令を諸大名に指令した。

▼**北国郡代**　青森から三厩あたりに新設する計画の郡代・奉行。蝦夷地・北方の警衛と俵物集荷を役務とする。定信辞職により頓挫。

に命じた。さらに、老中松平定信みずから相模《さがみ》(神奈川県)の沿岸と伊豆半島を巡検し、外国勢力の襲来に備える江戸湾(江戸)の防備策を模索した。また、ロシアの蝦夷地接近に対しては、蝦夷地を松前《まつまえ》(北海道松前町)藩から取り上げて直轄し開発するという田沼時代の政策を否定し、蝦夷地開発策はとらず、松前藩に警備の強化を命じる策に転換した。しかし、北方地域の警備を強化するため、青森から三厩《みんまや》(青森県外ケ浜町)のあたりに北国郡代《ほっこくぐんだい》▲という役所を新設する策をたてた。

対外的危機に備えて海岸防備を大名に命じるのは、十七世紀半ば寛永《かんえい》(一六二四〜四四)末年から正保《しょうほう》年間(一六四四〜四八)以来、じつに一五〇年ぶりのことであった。鎖国を祖法として法的に規定して対外関係を明確にするとともに、対外的な危機に軍事的に備えるための海防策を打ち出したように、これ以降、対外的危機への対応が幕政の重要課題となった。

天皇・朝廷と大政委任論

十八世紀の末には、朝廷にもそれまでとは異なる注目すべき新たな動きがみられた。光格《こうかく》天皇(在位一七七九〜一八一七年)を中心に、それまで何百年ものあいだ中絶していたり、あるいは不十分な内容でしか行なわれてこなかった朝廷の儀式や神事を、数多く再興あるいは復古させ、天皇と朝廷の権威の強化がはかられていた。その朝廷のあらたな動きを、二点だけ紹介しよう。

一七八七(天明七)年には、多いときには何万人もの民衆が御所《ごしょ》の築地塀《ついじべい》の周囲を回り、飢饉からの救済を天皇に祈願する御所千度参り《ごしょせんどまい》▲が、三カ月以上にもわたって行なわれた。これをうけて朝廷は、幕府に窮民救済の措置をとるように求めた。飢饉対策や窮民救済などは、幕府がもっぱら行なうべき政務なので、朝廷が幕府に窮民の救済を申し入れるという行動は、近世では前代未聞のことであった。

また、一七八八年の京都大火により御所も全焼し、その造営の方針をめぐって朝廷と幕府は真っ向から対立した。朝廷は、儀式や神事を行なうもっとも重要な御殿である紫宸殿《ししんでん》と清涼殿《せいりょうでん》を、平安時代の内裏《だいり》と同じ規模に建てるという、きわめて復古的な御所の造営を企画し、幕府にその実現を強く要求した。幕府は、おりからの財政難を理由に難色を示し、焼ける前と同じ規模で、しか

▼**御所千度参り**　一七八七年に御所へ飢饉からの救済を願った集団的祈願行動。京都と周辺の住民が、時には数万人もが御所の周囲を回り拝礼した。

も時間をかけて造営するという計画を立てた。しかし、朝廷は幕府を押し切って、復古的で荘厳な御所の造営を実現させた。

江戸時代の幕府と朝廷、将軍と天皇との政治的関係は、大政委任《たいせいいにん》という考え方で説明される。日本の国土と人民を統治する権限、すなわち「大政」の権限は天皇にあり、それを将軍に委任しているという政治論で、これを大政委任論と呼んでいる。天皇が日本国の君主であり、その統治権を一時的に臣下である将軍に預けているという考え方である。一八六七(慶応三)年に、最後の将軍徳川慶喜《よしのぶ》が政権を朝廷に返上した行為を大政奉還《ほうかん》と呼ぶように、大政委任論は幕末では常識的なものであった。しかし、近世のはじめからそのような考え方が確立していたわけではない。そもそも大政を委任したくとも、近世初頭の天皇は「大政」をとる実力をすでに失っていたのが実態であるから、大政を委任した歴史的事実はまったくなかった。

江戸時代の天皇と将軍とはどのような関係にあるのか、明確な規定を与えられることなく、二〇〇年近くも続いてきた。しかし、十八世紀の末になると、その関係を明快に説明する思想家が登場した。国学者の本居宣長《もとおりのりなが》▲は、『玉《たま》くし

▼**本居宣長**　一七三〇〜一八〇一年。国学者。主著『古事記伝』。『玉くしげ』で、天皇が大政を将軍に委任し、将軍が大名に分け預けているとする大政委任論を展開。

げ』（一七八六〈天明六〉年）のなかで、「天下の御政《みまつりごと》」は天皇の「御任《みよさし》」により徳川将軍家が行ない、将軍はその「御政」を大名に分け預けているとする。天皇→将軍→大名という統治権委任の秩序、すなわち大政委任という考え方を説いた。また、後期水戸学者の藤田幽谷《ゆうこく》▲は、『正名論《せいめいろん》』（一七九一〈寛政三〉年）のなかで、将軍が天皇を尊べば大名が将軍を敬い、家臣は大名を尊ぶという、天皇←将軍←大名←家臣という現実の政治秩序を安定させ維持するうえで、尊王が持つ政治的な効用を説いている。

　大政委任論は、天皇―将軍―大名の関係を、政務の委任という考え方で整合的に説明をつけるものであった。そしてそれは、将軍と大名、幕府と藩、すなわち幕藩制による全国土と人民の統治を、天皇を権威の源泉とすることによって正当化する、政治的、思想的な根拠を与えるものであった。

　国学者などの思想家のみならず、幕府の側からも大政委任をいいだした。松平定信は、一七八八年に将軍徳川家斉《いえなり》に差し出した『将軍家《しょうぐんけ》御心得《おこころえ》十五箇条』のなかで、「六十余州は禁廷《きんてい》より御預り」「永く天下を御治被遊《おおさめあそばされ》候は、皇天及ひ禁廷え之御勤《のおつとめ》」と記し、いまだ少年であった将軍家斉を戒めた。そこでは、日

▼**藤田幽谷**　一七七四〜一八二六年。後期水戸学者。彰考館総裁。主著『正名論』で、将軍が天皇を尊べば大名が将軍を敬うという尊王の政治的効用を説いた。

本の国土と人民は天皇から将軍に預けられたもので、それをよく統治することが天皇への義務だと諭《さと》している。明らかに、大政委任論が表明されている。

戦国時代末期の合戦、さらに近世初頭の政争や戦争を実力で勝ち抜いてきた徳川将軍家は、全国を支配する権限、すなわち「大政」を天皇から預けられて行使しているなどと考えたことはなかっただろう。実力で獲得した権力、あるいは武家の第一人者としての地位を、当時の人々が納得する伝統的な形式にのっとって正当化するため、天皇による任命という形式的な手続きをふんで征夷大《せいいたい》将軍《しょうぐん》の職についたのである。しかし、将軍のお膝元《ひざもと》の江戸ですら大規模な打ちこわしが起こるなど、十八世紀末にはその権力と権威に衰えが見えはじめた。まさにそのような時点で、老中松平定信から大政委任論が表明されたのである。

すなわち、天皇の権威を源泉として将軍・幕府の支配を正当化し、その権力と権威を再強化しようとしたのであろう。また、大政委任論の表明は、天皇を幕藩制国家の権力と権威の源泉として明確に位置づけたことを意味するから、将軍と天皇との関係の政治的枠組みとして、幕末政治史に重要な意味をもってくる。

▼閑院宮典仁親王　閑院宮は、一七一〇(宝永七)年に新井白石の進言により作られた新宮家。典仁親王は二代目で、光格天皇の実父。一八八四(明治十七)年、太上天皇号と慶光天皇の諡号がおくられた。

▼太上天皇　譲位した天皇におくられた称号。上皇、院とも呼ばれた。親王から太上天皇になった江戸時代以前の例には、後高倉院、後崇光院がある。

尊号事件

そのような朝廷と幕府の動きのなかでおこったのが、尊号事件《そんごうじけん》であった。ことの発端は、光格天皇が実父である閑院宮典仁親王《かんいんのみやすけひとしんのう》▲に太上天皇《だいじょうてんのう》▲の尊号をおくろうとしたことにある。朝廷は先例を持ち出して実現を迫ったが、幕府は、天皇の位につかなかった者に太上天皇の尊号をおくることは道理にあわないと拒絶した。公卿《くぎょう》たちの圧倒的多数の支持を得た朝廷は、幕府の承認のないまま尊号宣下《せんげ》を強行しようとした。それまでとは大きく異なる朝廷の動きに危機感を抱いた幕府は、この一件の責任者として公家二名を江戸に招喚し、異例にもこれに処罰を加えた。この措置は、従来とは異なる動きを示した朝廷に、幕府が釘をさしたという性格のものであった。

それまで明確に規定する必要もなく曖昧なままで過ぎてきた将軍と天皇との関係に、幕府は大政委任という枠組みをはめた。天皇を将軍の権力と権威の源泉に位置づけることによって、衰えの兆候がみえはじめた将軍権力の再強化をはかろうとしたのである。しかし、朝廷がみずからの権威を強化しようとする動向のなかで、これ以降の幕府は、天皇・朝廷問題を政治の正面にすえざるをえなくなった。

中期藩政改革

十八世紀後半に入ると、宝暦(一七五一〜六四)から寛政(一七八九〜一八〇一)にかけて、多くの藩が藩政改革に取り組んだ。研究史的には中期藩政改革と呼ばれ、肥後熊本(熊本市)藩の細川重賢《しげかた》、出羽米沢(山形県米沢市)藩の上杉鷹山《ようざん》、出羽秋田(秋田市)藩佐竹義和《よしまさ》などの「名君」が、数多く輩出したことで知られる。藩政改革の研究史では熊本藩の改革が典型とされ、米沢藩の改革も当時から模範とすべきものと見られていた。

その歴史的な性格は、農民層分解などの基礎構造の変動と藩財政の窮乏を打開し、藩政を立て直すための改革である。この中期藩政改革は、多くの藩で共通した内容を持っている。政治の面では、徹底した倹約と藩士の綱紀粛正、藩校の設立や整備による教育の振興、新たな藩政を担う人材の養成とその登用、および領民の風俗統制、経済の面では、農民層の分解を抑え農村支配の強化をはかって年貢収納の確保をめざすとともに、養蚕や織物などの殖産興業策と藩

▼在方　町方に対する農村部をさす。田舎。地方。

専売制を採用したことなどが、おおむね共通した政策である。

改革のなかで採用された殖産興業策と藩専売制は、藩の地域的な事情に応じて多様であるものの、従来からある領内の特産物生産と新たな商品生産を、城下町の特権商人や在方《ざいかた》▲の豪農に依拠して権力的に編成し、奨励する仕組みは共通している。その目的は、藩財政を補塡するとともに、領内の自給性を高めるところにあった。領内が経済的に衰退したのは、他領から商品が入って領内の金が領外に出てゆくからで、領内を豊かにするには、領内で使う品は領内で生産し自給すればよいという理屈である。いずれにしても、藩権力による商品生産の支配と流通の独占、すなわち藩専売制がともなった。

十八世紀後半からひろく行なわれるようになった殖産興業策と藩専売制は、藩領を一つの経済単位として自給性を強化させせようとしたことに、歴史的には重要な意義がある。これらを通して、藩をひとつの国家とみなす観念と実態が強まった。このような諸藩の動向を、佐々木潤之介『幕末社会の研究』(岩波書店、一九九三年)のように、藩の絶対主義化であると指摘する研究もある。ただ、藩の自給性の強化といっても、最大の収入源である年貢として収納した米は、幕府が支配する江戸、大坂、京都の三都で販売し換金しなければならず、藩の自立性の限界はおのずと明らかである。幕府の存在を前提として藩が成り立つという幕藩制の本質に揺るぎはないものの、幕末維新期の政治過程を念頭におくとき、その枠のなかで藩が自立化し、幕府と対立・対抗する契機が孕《はら》まれ始めてきたものとして、政治史的には注目すべき新たな動向といえる。

幕政と藩政の関連

幕府の寛政改革と中期藩政改革、ひろくは幕府の政治の動向と藩政の動向は、無関係なものととらえるのではなく、関連づけて理解すべきである。藩財政あるいは武士の経済的困難さは、兵農分離《へいのうぶんり》による都市生活、および参勤交代にともなう江戸生活と現物年貢収入との宿命的矛盾であり、構造的矛盾といえよう。藩財政の困難さは江戸時代の初期からみられるが、享保期(一七一六〜三六)以降とくに深刻さを増す。その原因を個別の藩側の事情にのみ求めるのではなく、いわゆる田沼時代の幕府の経済政策、財政政策などとも関連させて理解する必要があるのではないか。

▼**国役普請**　二〇万石以下の大名領や幕領を対象とした大規模な河川工事の費用を、所領に関係なく国を単位に農民に賦課して行なった工事。一七二〇年に制度化。

▼**お手伝い普請**　幕府が大名を動員した築城や城下町建設、河川工事。初めは人足役、十七世紀後半から工事費の負担となった。軍役同様の課役。

▼**拝借金**　幕府が、大名・旗本・宿駅などに行なった無利子の貸付。居城焼失、領内凶作、遠国への赴任などのさいに幕府が財政援助した制度。

▼**蔵米切手**　諸藩が蔵屋敷から売却する米の買い手に発行した倉庫証券。藩財政運営のため空米の切手の発行もあり、米価調節のため幕府は規制しようとした。

寛政の改革が行なわれる直前の田沼時代には、国役普請《くにやくふしん》▲やお手伝い普請▲による藩への負担転嫁、拝借金《はいしゃくきん》▲の制限、さらには蔵米切手《くらまいきって》▲の規制による大名金融の統制など、幕府の政策の影響をもろにうけ、藩財政はさらに窮乏している。また、流通・市場政策および金融政策を、たとえ個別の大名の利害に抵触してでも推進した幕府の政策をとらえて、中井信彦『転換期幕藩制の研究』(塙書房、一九七一年)のように、大名の個別領主権を越えた幕府の絶対主義化であると評価する研究者もいるほど、幕府本位の政策が強力に推進された。田沼時代の幕府に対する諸大名の不満は、賄賂・汚職の横行による腐敗のみならず、そのような幕政のあり方にも原因があった。

幕府は、国内の大規模な反乱や一揆、または全国的な大飢饉や外国からの侵略など、個別の大名では対処できない諸問題の解決に諸大名を動員してあたり、さらに、大名らが領内の自然災害や凶作、および大火などにより窮地におちいった時には、資金を貸し与えて藩が立ち直れるように援助するという役割を持っている。これが公儀《こうぎ》の役割であり、それにより幕藩制という仕組みが安定的に持続することになる。ところが、田沼時代の幕政は幕府本位の政策が特徴的で、公儀としての性格、すなわち公儀性が少くなっている。この公儀性の希薄化が藩財政の困窮を加速させ、それが中期藩政改革をもたらし、藩の自立化の契機を生みだしていった、と理解できる。

　寛政の改革では、一時的とはいえお手伝い普請などの負担の転嫁を抑制したり、負担の方法に配慮を加え、田沼時代と比較すれば大名との協調をはかっている。蝦夷地政策を一例として説明してみよう。田沼時代、松前藩から蝦夷地の支配権を取り上げ、直轄して新田開発を中心とする開発政策を行なおうと計画した。松前藩という個別大名の利害に反してでも、幕府はみずからの政策を断行しようとした。しかし、寛政の改革になると、幕府は政策転換し、松前藩に蝦夷地支配を任せ、開発策もとらないことにした。そのさい老中松平定信は、いずれ松前藩が蝦夷地の支配権を幕府に投げ出す事態になることを予測し、そのさいは蝦夷地を東北の諸大名に分割して預け開発させる、という将来構想を披瀝《ひれき》している。田沼時代と同じく蝦夷地直轄・開発策をとるにしても、松前藩がみずから幕府に支配権をさし出すことが条件になっている。また、蝦夷地警備の課題も、幕府が松前藩を監督し指導するという方針を打ち出している。すなわち、松前藩の利害に抵触するような政策をとらず、松前藩の意向を尊重しているのである。

幕藩制は、幕府の存在を前提に藩が成り立つのであるが、同時に藩が成り立つことにより幕府も維持できるという相互依存の側面がある。その点で、幕藩制とは領主身分の一種の共同組織(体)である。幕府と藩が安定的に維持・存続できるように運営するのが、公儀の本来の姿であろう。それゆえ、田沼時代の幕政は、個別大名の利害に抵触してでも幕府本位の経済・金融政策を行なったところに、公儀性の弱化が認められる。それに対して寛政の改革では、その公儀性を回復させることが課題となった。

しかし幕府は、全国的な飢饉対策や対外的危機など、個別の藩では対処できない新たな問題に、財政窮乏しつつ「自立化」もしつつある藩を指揮・監督して動員しなければならない課題を背負い込んだ。囲米策や海防策などがそれである。それへの動員は、諸藩の財政を困難にさせる新たな要因ともなってゆくのである。このように、幕政と藩政の動向は相互に関連し規定しあっていることに着目する必要がある。

▼上杉鷹山　一七五一～一八二二年。名は治憲《はるのり》。出羽米沢藩主。財政改革・殖産興業・藩校興譲館再興などの藩政改革を断行。名君といわれる大名の一人。

政治技術の「情報交換・流通」

熊本藩や米沢藩の藩政改革が改革の模範とされたことをさきに指摘したが、この時期には、藩同士が学びあうという関係の存在が認められる。幕府と藩、あるいは藩同士がさまざま情報交換をすることは、なにもこの時期に限られることではなく、江戸時代の初めからみられる。それにより幕府の方針なり政策が藩に受け入れられてゆくし、藩の政策や機構が平準化されていった。

十八世紀後半以降、行き詰まった藩政の建て直しのため、学者を招くとともに、他藩の藩政、改革政策に学ぶということが行なわれているようである。すでに述べたような中期藩政改革の内容が多く共通している理由も、そこにあるのであろう。幕府も同様ではないかと思われる。

一例として、米沢藩の上杉鷹山▲が始めた明和・安永改革のなかで打ち出した政策を、横山昭男『上杉鷹山』(人物叢書、吉川弘文館、一九六八年)からみてみよう。そのなかでも、飢饉対策として米の備蓄策を実行したこと、藩の歴史や儀式書を編纂したこと、藩校興譲館《こうじょうかん》を大規模に再興したこと、儒学を注釈の学問から実用の学問へ転換させたことなどが注目される。これらは、幕府の寛政の改革を先取りするかのような政策である。幕府とのあいだに具体的な情報交換があったのかどうかはわからないが、無関係とはとても考えられない。

危機を迎えた十八世紀後半以降、統治技術、支配能力の向上をめぐって、藩と藩、あるいは幕府と藩とのあいだで、「情報交換・流通」が行なわれていると考えるべきであろう。このように考えると、幕政と藩政、幕政改革と藩政改革とを関連させて理解する、幕藩制政治史、幕藩制改革史と呼ぶべき視点が重要になってくる。

寛政の改革の評価

寛政の改革は、三上参次『白河楽翁公とその時代』がいうように、江戸幕府の崩壊を五〇年ほど引き延ばしたのかもしれない。改革政治を強調する意図があって、直前の田沼時代の政治を悪政と批判して田沼意次を厳しく断罪し、賄賂横行への道徳的反省によって幕政の公正化をはかったこと、民衆支配に社会政策的な手法を取り入れ、さらに教育や教化を通して納得による民衆の心服を獲得しようとしたこと、それまで明確な法や枠組みのなかった対外関係や朝廷との関係を、鎖国の法と大政委任論により明確にしたこと、大名との関係では、幕政に公儀性を回復させて関係を安定させたことなどにより、天明期(一七八一〜八九)の危機的な状況が、少なくとも小康状態を迎えたことは疑いない。

しかし、商品生産を人為的に抑制しても、その発展を押しとどめることには無理がある。諸藩の殖産興業政策は、藩権力による強い生産と流通の統制を前提とするものの、各地で商品生産を活発化させ、幕藩制の基礎を掘り崩すものでもあった。また、商品生産の発展は、必ずしも小農経営の安定と発展をもたらさず、各地で豪農の成長と発展に結果していった。それはすなわち、幕藩制社会の基礎である小農経営の分解を促進したのである。押しとどめることのできない商品生産の発展と小農経営の分解は、幕藩制国家と社会の危機をいっそう深刻化させていった。

対外的な危機も世界史的な変動に真因があるのだから、時間の経過とともに深刻化してゆく。客観的には、鎖国を祖法と定めても国際的に通用するものではなく、それを守るための海岸防備も、貧弱な軍事力では欧米列強に抗することは不可能であった。

④——天保の改革

幕府財政の破綻と物価の高騰

十九世紀半ば近くに行なわれた天保《てんぽう》の改革は、寛政《かんせい》の改革が直面した内憂外患の体制的な危機が、約五〇年を経過してさらに深刻化し、幕藩制国家と社会が本格的な体制危機を迎えた段階での政治的対応として理解されなければならない。いわば、幕藩制国家と社会の体制的危機の第二段階への対応である。

本格的な体制危機を迎えたことを示すのは、国内矛盾、すなわち内憂の激化である。その表われである事実をいくつかあげてみると、ひとつは、破綻の瀬戸際に立った幕府財政の危機である。享保《きょうほう》の改革では、倹約令と上《あ》げ米《まい》令、さらに定免《じょうめん》制などの年貢増徴によって財政のバランスを回復できた。寛政の改革では、もはや年貢増徴策をとることはできなかったが、徹底した倹約による緊縮財政を続け、幕府財政をひとまず立て直すことができた。

しかし、一八一八(文政元)年に、幕府はそれまでの緊縮財政をやめて、積極財政に転換した。そのための財源としたのは、元文期以来の貨幣改鋳《かいちゅう》▲であった。

▼**貨幣改鋳**　重量は同じで、元文小判の金純分率四六パーセントを三六パーセントに、元文銀の銀純分率四六パーセントを三六パーセントに減らして改鋳し通用させた。改鋳益金は毎年五〇万両前後にも。

この結果、幕府財政は、文政金銀《ぶんせいきんぎん》への貨幣改鋳による一年に四〇〜五〇万両にもおよぶ出目《でめ》▲（利益金）に依存する構造に転落した。貨幣の鋳造権と発行権を独占した幕府以外にはできない、無から有を生むに等しい手品のようなものである。しかし、これ以降その改鋳利益金なしには財政を維持できなくなった。その文政金銀たるや、著しく金銀の含有量を減らしたため、贋金《にせがね》作りから贋金呼ばわりされたという逸話が残っているほどの劣悪な貨幣だった。

この品位の劣る貨幣の大量発行は、当然のことながら貨幣価値を下落させて物価の大幅な上昇を招き、領主財政や人々の暮しに打撃を与えたため、高物価が重大な政治問題となった。物価の問題は享保の改革でも重要な課題であったが、その時には米価とそれ以外の商品（諸色《しょしき》）の価格との不均衡が焦点だった。天保の改革では、とにかくあらゆる物価の高騰が問題となったため、物価引下げ策が強権的に行なわれざるをえなかった。

幕府財政支出の拡大は景気を刺激し、都市を中心にして華やかで奢侈《しゃし》な消費生活が生まれ、農村部へも波及していった。それ故、倹約令はかつてなく厳しく実行された。また、劣悪な貨幣の大量発行によるインフレは、全国的に貨幣

▼**出目**　二つの数量を比べ、増えた差額のこと。江戸時代、貨幣を改鋳しそれ以前よりも流通量が増えた場合の改鋳利益金のことも出目と呼んだ。

経済を刺激し、商品生産と流通を活発化させた。それは、幕藩制国家と社会の基礎である農村構造の変質と幕藩制的な市場・流通機構の解体を促進し、結果として幕藩制国家の崩壊を早めた。

一揆・打ちこわしの激化

激しくかつ規模の大きな一揆や打ちこわしが連続的に多発したことが、この時期の特徴である。一八三六(天保七)年の甲州郡内《ぐんない》騒動(山梨県旧都留郡)、三河加茂《かも》一揆(愛知県旧加茂郡)、一八三七年の大塩の乱(大阪市)、生田万《いくたよろず》の乱(新潟県柏崎市)、能勢《のせ》一揆(大阪府豊能郡)、その翌年の佐渡一国一揆など、大一揆や蜂起事件の続発は、幕藩領主を驚愕させるのに十分であった。

元禄期(一六八八〜一七〇四)に、「民力さし潮のごとく」といわれた民衆の成長は、十八世紀末の天明(一七八一〜八九)末年に、「下勢上を凌ぐ」という段階にいたり、十九世紀半ば近くの天保期には、「下々にて上を怨み候と上を恐れざる」という状況にたち至ったのである。

●──**打ちこわし**　打ちこわしを、擬人化して描いた黄表紙。

●──**庄内一揆**　三方領知替えに反対する農民。集会に参加する農民と解散を説得する藩の郡代、代官の様子も描かれている。

▼無尽　頼母子《たのもし》とも。庶民の相互扶助的な金融。領主や寺社の費用調達にも利用された。講をつくり一定額を出し合い、講中全員がくじ引きで受け取り、困窮者も一時にまとまった金を手にできた。

藩の「自立化」と幕藩間の亀裂

物価の高騰は、諸藩の財政をさらに悪化させた。さらに、藩財政の危機を救うための幕府の拝借金は、幕府財政の悪化によりまったく期待できなくなった。上方の豪商などからの借金も積もり積もって巨額に上り、支払うべき利息額が、藩の一年間の年貢収入を上回るところも出てくるありさまで、金融の道も塞《ふさ》がりつつあった。そこで一部の藩では、武家の無尽《むじん》▲は幕府の法令で禁止されているにもかかわらず、上方の都市などで町人を組織した不正な無尽を活発に行なうほか、領内で領民を組織した無尽を数多く組むなど、不正な方法で藩財政を補塡する始末であった。

多くの藩では、藩政の危機的な状況への対応策として、殖産興業と藩専売政策が、寛政期(一七八九〜一八〇一)前後と比べて量的にも規模の面でも拡大して実施された。領内の商品生産を活発化させるとともに、専売制で集荷した商品を、江戸などで諸家国産《しょけこくさん》と呼ばれる商品として販売した。それが、それまでの流通のあり方をかく乱する要因のひとつとなった。

また、文政期(一八一八〜三〇)から天保期(一八三〇〜四四)にかけて、幕府は、五五人にものぼる将軍徳川家斉《いえなり》の子女の縁組先大名に、拝借金を貸与したり有利な所替《ところがえ》や加増を行なうなど、露骨に経済的な優遇措置を講じていた。さらに、官位《かんい》など大名の家格の面でも、その家の先例にない異例の上昇を縁組先大名に認めるなどの措置が続いた。このような不公平で恣意的な幕政に対する大名たちの反発と不満のたかまりが、殖産興業と藩専売制の推進による藩の「自立」化の進行を背景にして、幕府と藩とのあいだに亀裂を生み始めた。

そのことをよく示すのは、三方領知替《さんぽうりょうちが》えの発令とその撤回である。一八四〇年十一月に命じられた、武蔵川越《かわごえ》(埼玉県川越市)藩松平家を出羽庄内《しょうない》(山形県鶴岡市)へ、出羽庄内藩酒井家を越後長岡《ながおか》(新潟県長岡市)へ、越後長岡藩牧野家を武蔵川越へと玉突き式に三大名を所替する三方領知替えは、徳川家斉の第五三子を養子に迎えた川越藩松平家が、それを利用して藩財政の困窮を有利な所替によって打開しようとしたのがことの発端であった。縁組先大名への露骨な優遇策は、同じように財政の窮乏にあえぐ諸藩の強い反発と幕政批判を招いた。

この三方領知替えは、幕藩間に深刻な亀裂を生むとともに、庄内藩領民の激しい反対運動も引き起こしたため、翌年七月に所替命令は撤回された。封建領主である大名の領地を移動させる所替は、世界史的にも特異なもので、将軍の権力の強大さを象徴する権限とされる。しかし、有力外様大名を中心とした大名たちの幕政批判や反発、さらに庄内藩領民の反対運動により所替命令を撤回せざるを得なかったことは、将軍の権力と権威の低下をまざまざとみせつけた。

「上を恐れざる」といわれた民衆と、大御所時代の不公平で恣意的な幕政に反発する諸藩に対し、将軍の権力と権威をいかに再強化するのかが大きな課題となった。

対外的危機の深刻化

十九世紀初めの文化年間(一八〇四～一八)のロシアとの蝦夷地での紛争、一八〇八年のフェートン号事件▲、相つぐ外国商船の渡来、イギリスやアメリカの捕鯨船の接岸など、頻繁な対外的事件の発生に対して、幕府は外国船の沿岸接近を武力で防ぐため、一八二五(文政八)年に異国船打払《うちはら》い令▲を出した。しかし、貧弱な武力で対外的な危機を押しとどめることなどできるはずもない。欧米資本主義列強の進出による東アジア世界の変動の波は、着実にしかも急速に日本

▼**フェートン号事件**　一八〇八年イギリス軍艦フェートン号が長崎に侵入し、オランダ商館員を捕らえ、食料などを得て退去した事件。ナポレオン戦争の余波。

▼**異国船打払い令**　無二念《むにねん》打払い令とも。一八二五年発令。日本沿岸に接近する外国船を砲撃し、日本に渡来しないようにしたもの。一八四二年廃止。

に迫りつつあった。それはアヘン戦争に代表されるが、その直前の一八三七(天保八)年に、モリソン号事件▲が発生した。この事件は、異国船打払い令の危険性と、表向きは打払いという強硬な攘夷《じょうい》策をとるものの、内実は貧弱な海防態勢しかないという幕府の政策上の矛盾を、一挙にさらけだした。

そして、一八四〇年、東アジア世界の激動を告げるアヘン戦争の勃発と清国の劣勢という、まさに衝撃的な情報が入り、深刻な対外的危機を迎えることになった。この対外的危機に軍事的に備えるための海防態勢を確立すること、そして、この民族的な課題に向けて諸大名らを指揮し動員することが、公儀としての幕府の重要な課題となった。

内憂外患の深刻化による本格的な危機に対応することが、天保の改革の本質である。なかでも、それまでの二つの改革と比較して、対外的危機への対応策が大きな比重を占めたところに特徴がある。アヘン戦争情報をうけて、日本の砲術の西洋化を説いた長崎町年寄高嶋秋帆《しゅうはん》を招き、一八四一年五月、江戸の近郊武蔵徳丸ケ原《とくまるがはら》(東京都板橋区)で西洋式砲術の演習を行なわせた。もうもうたる砲煙とオランダ語の号令、轟く砲声の余韻《よいん》のまださめやらぬ演習の六日後

▼**モリソン号事件**　一八三七年アメリカ商船モリソン号が漂流民送還と通商交渉のため浦賀に渡来し、砲撃を受け退去した事件。オランダ商館長がイギリス船と誤報。

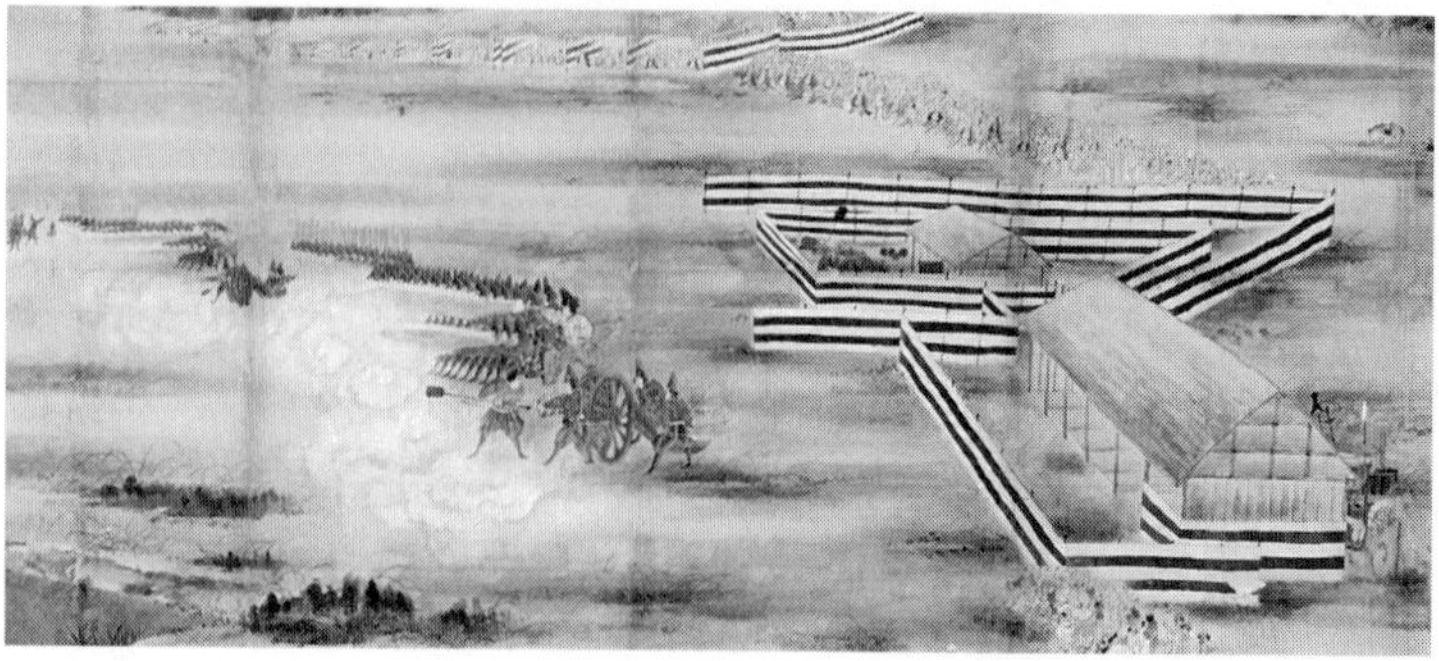

●—徳丸ケ原での砲術演習

に、天保の改革の断行が宣言された。これはただの偶然ではない。対外的危機と密接な関連をもつ天保の改革の歴史的性格を、みごとに象徴している。

物価対策

物価の高騰は、幕府や藩のみならず領主身分一般の財政状態を悪化させ、下層庶民の暮らしを困難にさせた。幕府は、物価高騰の理由のひとつに奢侈(贅沢)があると判断し、町人・百姓身分のみならず、武士身分全般に向けて厳しい倹約を命じた。衣食住の隅々にわたる奢侈の取締りが強権的に、しかも徹底して行なわれた。高価なあるいは手の込んだ料理や菓子類、玩具、錦絵《にしきえ》、高価な衣類や装飾品、飼い鳥などなどを禁止する触書が、矢継ぎ早に出された。この政策は、たとえ江戸が不景気になって衰微し、町人たちが一家離散するようなことになっても構わないとまで広言する老中水野忠邦により、北町奉行の遠山景元《かげもと》(金四郎)らの反対を押し切って推進された。

奢侈の取締りだけで、物価が下がるはずはなかった。そこで市場・流通機構の改革に踏み込んだ。それが、一八四一(天保十二)年の株仲間の解散であった。

物価を安定させるために、市場・流通対策として株仲間の結成を公認した享保の改革以来、一〇〇年以上にわたって採用してきた政策を、一時的に幕府は大きく転換させた。

都市に集住する江戸時代の武士は、収入は現物年貢が中心で、飯米以外を売却して貨幣を手に入れ、商人から衣食住に必要な物資を購入し、武家奉公人などの労働力を雇用して生活するのだから、米価と諸物価(労賃を含む)の均衡した関係は経済的に死活問題であった。それゆえ、米価に比例しない物価の上昇をおさえるための株仲間公認政策は、享保の改革ではじめて採用され、田沼時代には多様な業種に、しかも都市のみならず在方《ざいかた》にまでその範囲を広げた。営業上の特権を与える代わりに物価を安定させる機能を期待したのだが、一八一三(文化十)年、冥加金《みょうがきん》一万両の上納と引き換えに、江戸十組《とくみ》問屋▲仲間六五組一九九五人に株札《かぶふだ》を交付し、以後の新規加入を禁止したため、株仲間の特権は完全な営業独占となった。

幕府の意図は、株仲間商人の市場・流通の独占化による物価の安定にあった。しかし、①株仲間商人を直接には通さない諸藩が専売制により集荷した諸家国

▼**江戸十組問屋**　問屋仲間十組の連合体で一六九四年結成。菱垣《ひがき》廻船を配下におき江戸市場を支配。一八一三年十組を中心に菱垣廻船積問屋仲間を結成し流通独占を図ったが、市場支配は弱体化した。

▼**内海船**　知多半島を拠点とした海運業者の通称。十八世紀末に台頭し、瀬戸内海まで出向いて商品を買い取り各地で売却するなど、菱垣廻船を圧倒して、商品流通機構を動揺させた。

産の流通、あるいは、②尾張知多《ちた》半島(愛知県知多郡)の内海船《うつみぶね》▲などのような、従来の全国↓大坂↓江戸という幕藩制的流通機構をかく乱する廻船《かいせん》と商人の発展、さらに、③生産地の在方(在郷《ざいごう》)商人と結んだ江戸の株仲間外商人(素人《しろうと》と呼ばれた)の成長などがあって、十九世紀前半には株仲間商人たちの市場・流通支配力は弱まり、物価安定への影響力はかつてなく低下していた。株仲間商人たちの営業独占と流通支配力は、実は比例していなかった。

そこで幕府は、株仲間商人が独占的な特権を悪用して物価をつり上げているとして、株仲間の解散を命じた。江戸十組問屋のみならず、価格を人為的に操作する可能性のあるすべての仲間や同業者の組合に解散を命じ、さらには問屋の名称を使用することすら禁止した(たとえば、書物《しょもつ》問屋は書物屋と改称した)。十八世紀はじめ以来とってきた、株仲間組織により物価を安定させる市場・流通政策を一時的に止め、自由な流通と取引により物価が下落することを狙ったのである。

しかし、市場・流通を支配する力が低下していた株仲間を解散させても、物価の下落を実現することはできず、かえって流通機構の混乱をもたらした。倹

●──**金座**　金貨を検査する役人たち。

●──改鋳貨幣

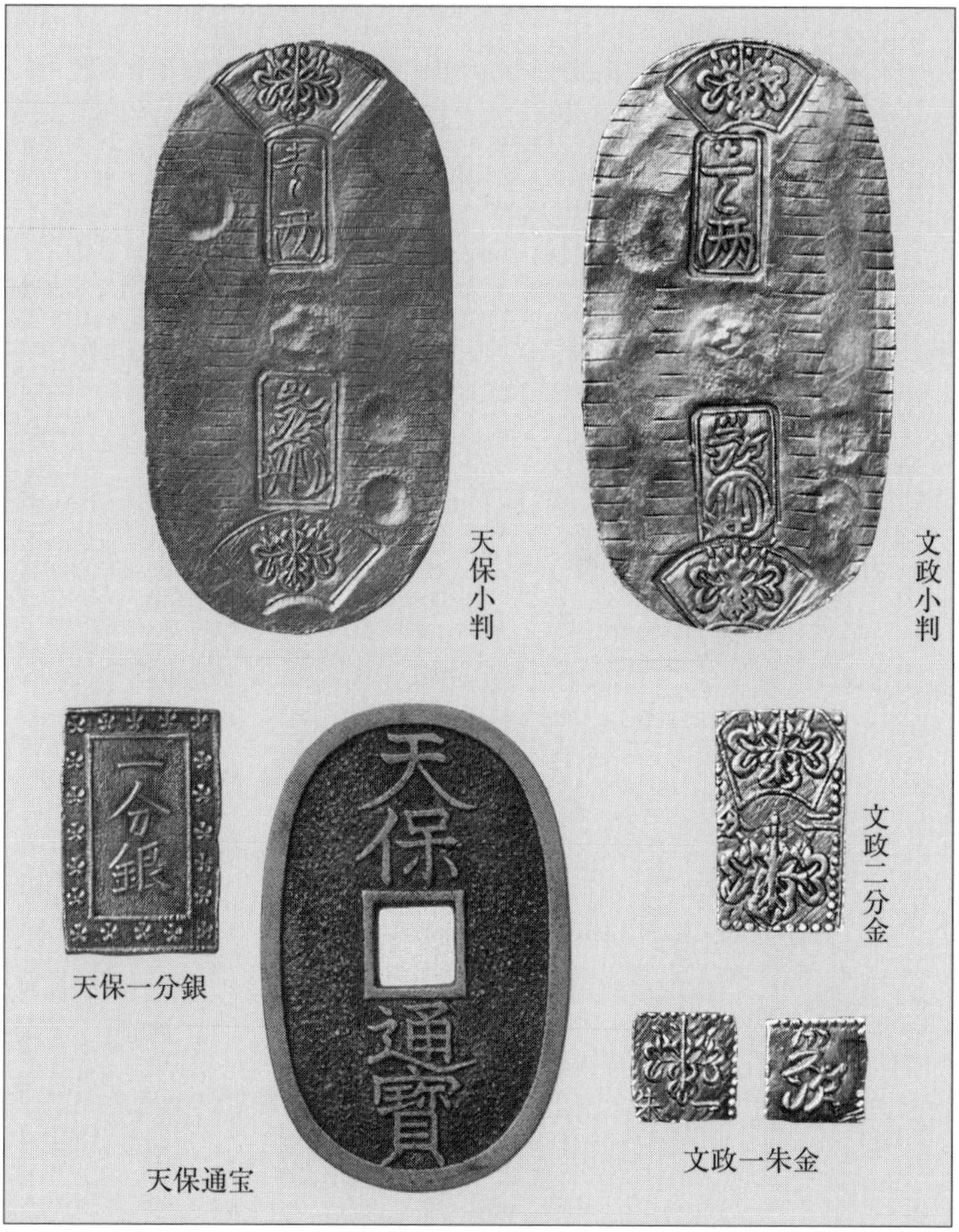

約令による奢侈の取締りと株仲間の解散によっても、期待通りの物価の下落は実現できなかった。

当時、物価高騰の有力な要因のひとつとみられていたのは、文政金銀と天保金銀などの劣悪な貨幣の大量発行であった。幕府財政は、年間四〇〜五〇万両以上にのぼる貨幣改鋳の益金による補塡で維持されていたので、他に財源がみつからないかぎり改鋳を中止することは難しかった。幕府財政をあずかる勘定奉行らの強い反対をうけたが、老中水野忠邦は、一時改鋳を停止し良貨への改鋳をめざした。しかし、財政との関係でそれは実現できなかった。それ故、残された策は、地代・店賃を含む強権的な物価引下げ策しかなかったのである。

出版・情報・文化統制

内憂外患の深刻化とともに社会の緊張が強まり、政治や社会を批判、あるいは風刺する言動も数多く生まれた。そのため、広い意味での文化への弾圧と統制の強化は苛烈であった。享保、寛政の両改革ともに、出版への統制を打ち出し、将軍や幕府役人と幕政への批判、および風俗を乱すとみなされた書物への規制が、しだいに強化されていった。

　なかでも天保の改革では、幕府機関によりすべての出版物を出版前に検閲する新たな統制制度を導入した。書物の出版は、それまでは書物問屋仲間の年行事《ねんぎょうじ》▲によるいわば自主規制により統制されていたが、株仲間解散令により書物問屋仲間も廃止され、天保の改革からは、著者→書物屋→町年寄→町奉行→学問所《がくもんしょ》・天文方《てんもんかた》▲という出版手続きに変更された。すべての書物は、原稿の段階で洋書の翻訳は天文方、それ以外は学問所が検閲して出版の許可・不許可を決め、許可をうけ出版したら一冊を学問所へ納本するという仕組みになった。好色本や人情本、合巻など風俗の統制という面のみならず、政治批判や外国情報の流布を防ぐ意図が濃厚である。内憂外患の緊張した時代における政治批判と情報の流布を規制することを狙った、強権的な思想統制策といえる。

　民衆的な文化は多方面にわたり発展したが、とくに諸芸能の隆盛は著しかった。改革では、民衆的な芸能に対し、風俗の統制という観点から厳しい規制を加えた。「芝居が本となりて世の中が芝居の真似をする」というほどの強い影響力をもつに至った江戸歌舞伎三座は、社会の悪しき風俗の元凶とみなされ、浅

▼**年行事**　一年交替で仲間組織の運営や執行をする世話役。一月交替を月《がち》行事という。

▼**天文方**　幕府で暦を編成する職。一六八四年、貞享暦を作った渋川春海が初代。一八一一年一部局として蛮書《ばんしょ》和解《わげ》御用をおき、洋書翻訳にあたらせた。

草の場末に移転させられた。寺社の境内に小屋がけして興行していた宮地芝居《みやちしばい》▲は、芝居の内容では江戸三座に劣るものの料金が安いため庶民に人気だったが、すべて撤廃させられた。落語、浄瑠璃《じょうるり》、講談、物まね、影絵《かげえ》などが演じられて下層町人の最高の娯楽といわれ、一八四一(天保十二)年に町奉行支配地だけで二一一軒もあった寄席は、わずか一五軒に減らされた。しかも、興行の内容は、勧善懲悪《かんぜんちょうあく》の筋立てで民衆教化に役立つという理由から、軍書講談・神道講釈・心学《しんがく》・昔話の四つに限定されてしまった。芸人たちは、隠れて、あるいは大道や空き地で演じるしかなくなった。

人返しの法

天保の飢饉《ききん》のさい、米価の高騰を引き金として大坂では大塩の乱▲がおこった。しかし江戸では、七分積金により町会所が備蓄した囲米《かこいまい》の放出などにより、文字通りかろうじて騒動の発生を防ぐことができた。そこで、「其日稼ぎの者《そのひかせぎのもの》」と呼ばれ、米価が高騰すればすぐに救済を必要とする(救済しなければ騒動の主体となる)江戸の下層人口を減らし、それにより騒動がおこる危険性を減らす

▼**宮地芝居**　宮芝居とも。神社の祭礼などで境内に小屋がけして興行。江戸三座より劣るが、庶民が歌舞伎芝居を安価に楽しめたため人気を博した。

▼**大塩の乱**　一八三七年に元大坂町奉行所与力で陽明学者の大塩平八郎と門人がおこした武力反乱。半日で鎮圧されたが、幕藩領主に強い衝撃を与えた。

▼人返しの法　一八四三年発令。江戸の人口減と農村の人口増をはかるため、農村から江戸に流入した下層町人を強制的に帰村させようとした法。町奉行や町方の反対をうけ、実効は乏しかった。

▼御料所改革　幕領一村ごとに全耕地を書き上げさせ、勘定所役人を廻村させて収穫量を調べ、検地をせずに全耕地と収穫量を再把握しようとした年貢増徴策。

ことが、都市政策の重要な課題となった。それとともに、陸奥・常陸・下野・下総など荒廃した地域の農村復興のためには、人口を回復させる必要があった。都市と農村の両方をにらんで出されたのが、人返《ひとかえ》しの法▲である。江戸での騒動防止策と同時に農村人口の回復策として計画され、農村部から江戸に移り住んだ者を強制的に農村へ返そうとした。

しかし、離村せざるをえなくなって江戸に出て、職と住を得て生活している者を強制的に帰村させるのは、非現実的な政策であるという反対論が強かった。結局、①出稼ぎを許可制にすることにより村から出るのを制限し、②江戸に入るのを江戸の人別改《にんべつあらため》を強化して規制し、③江戸に出てきてまだ数年しかたっておらず、家族もいない単身者のみを強制的に帰村させる、という策にとどまった。現実には、江戸の人口減少には役立たなかったといわれる。

御料所改革

農村へは、倹約令の励行と出稼ぎの許可制が打ち出されたほかは、寛政の改革以来の政策が継続された。そのなかで、積極的な政策として、御料所改革《ごりょうしょ》▲と

●—日光社参の行列

いう名の年貢増徴策が、一八四三(天保十四)年に打ち出された。荒廃した耕地を再開発した所や、小規模な開発により造成された新田畑のうち、年貢率の低い所、あるいはまだ年貢を賦課されていない所などに、他の本田畑と同じ年貢を賦課するための調査が、寛政期(一七八九〜一八〇一)以来、勘定所や代官所の手で継続して行なわれてきた。そのような部分的な調査とは異なり、全幕府領を対象に、しかもいっせいに全耕地の面積と収穫量を再調査し、そのうえで年貢の増徴を実現しようとしたのである。検地は行なわないが検地をしたのと同じような結果となるこの御料所改革は、幕府領の農民の激しい抵抗と一部代官の非協力もあり、天保の改革の中止とともに取りやめとなった。大規模な新たな年貢増徴策は、もはや不可能な段階になっていたことが示された。

将軍権威の再強化策——日光社参

幕府は、三方領知替えの撤回に象徴された幕藩間の亀裂と将軍権力の弱体化という事態に直面していた。それゆえに天保の改革という幕政改革が断行されたのであるが、より直接的に将軍の権力と権威の再強化をはかる策がとられた。

それが、一八四三(天保十四)年四月に挙行された、六七年ぶりの将軍(徳川家慶《いえよし》)の日光社参《しゃさん》▲である。大勢の大名と旗本を従えた、二〇万人とも三〇万人ともいわれる大規模な行列は、将軍の権威を天下に示す大示威行動であった。その社参が終わるや、印旛沼《いんばぬま》工事、上知令《あげち》、新潟上知、御料所改革、百万両御用金など天保の改革の重要政策がつぎつぎと実行に移された。それはまさに、社参の余勢をかって行なわれたというべきだろう。

▼日光社参　一八四三年、家慶が将軍としては六七年ぶりに日光東照宮に参詣。大名らを従えた大行列で権力を誇示した。今回は助郷役を課さず江戸で雇用し、その費用を賦課。

対外的危機への対応

すでに指摘したように、対外的危機への対応が、この改革を特徴づける重要な点である。とくに、アヘン戦争とその推移に関する情報が、幕府の対応策を規定していく。アヘン戦争情報は、早くから中国船・オランダ船により幕府にもたらされ、中国が劣勢であることと、イギリスが中国領土の一部を占領したという情報が、深刻な危機感を募らせた。

寛政期(一七八九〜一八〇一)以来、軍事力が弱体化していることを認識し、ロシアなどとの紛争を避ける策をとってきた幕府は、大国とみていた中国が敗北

▼西洋砲術の演習　六七ページ参照。

▼天保の薪水給与令　広く「仁」を施すため漂流船を救助するという趣旨で、打払い令を撤回した。オランダなどは、「鎖国」政策の変更ではないかと推測した。

している事実に、危機感を増幅させた。この事態から老中水野忠邦は、中国の二の舞を演じないようにするという教訓（「他山の石」）を得ている。そこから、高嶋秋帆に西洋砲術の演習を行なわせて、西洋砲術の採用と大砲による軍事力強化の道を開き、さらに、寛政の改革で処罰された林子平を対外的危機への警鐘をならした先覚者として赦免し、対外的危機への対応策を進めた。

一八四二（天保十三）年、オランダ船は、イギリスがアヘン戦争終結後に、通商交渉のため日本へ軍艦を派遣し、日本側の対応次第では武力に訴える計画であるという趣旨の情報をもたらした。この情報を得るや幕府は、イギリスと戦争になる危険を回避するため、ただちに異国船打払い令を撤回し、漂着船へ薪水《しんすい》を給与する策（天保の薪水給与令）に大転換した。

諸大名へは、西洋諸国との戦争に対応できるように、大砲を準備して軍事力を強化することを命じ、公儀として諸大名を指揮・指導し、民族的危機に対処する姿勢をみせた。そして、江戸を外国船の脅威から守るため、川越藩と武蔵忍《おし》（埼玉県行田市）藩の両藩に江戸湾の防備を命じ、幕府みずからは、オランダから西洋式の大砲や銃砲の輸入をはかり、洋式砲術部隊である大筒組《おおづつくみ》を幕府軍のなかに創設し、さらには蒸気船や機関車の輸入までオランダ商館長に打診した。このような幕府と諸藩の軍事力の強化をはかる策のほか、対外的危機に対応するため、一八四三年に、印旛沼掘割《ほりわり》工事と上知令が打ち出された。

印旛沼掘割工事と上知令

洋学者たちは十九世紀の初めころから、外国艦船によって江戸湾が封鎖されたり、江戸湾に向かう諸国からの廻船が妨害されて海運がとだえるならば、江戸は一週間でたちまち物資不足におちいり、手の施しようのない大騒動になるのではないかと、深刻に憂慮していた。その理由は、江戸は住民が必要とする物資を後背地である関東地方の生産物ではまかなうことができず、諸国からの大量の海上輸送に依存していたからである。

そこで幕府は、浦賀水道《うらがすいどう》から江戸湾に入るルートを使わない物資輸送路の造成を試みた。それが、印旛沼(千葉県印旛郡)掘割工事である。銚子(千葉県銚子市)→利根川→印旛沼→掘割→品川という水運路を造成しようとする工事であった。太平洋から銚子に入り、利根川をさかのぼって印旛沼に入り、新規に造

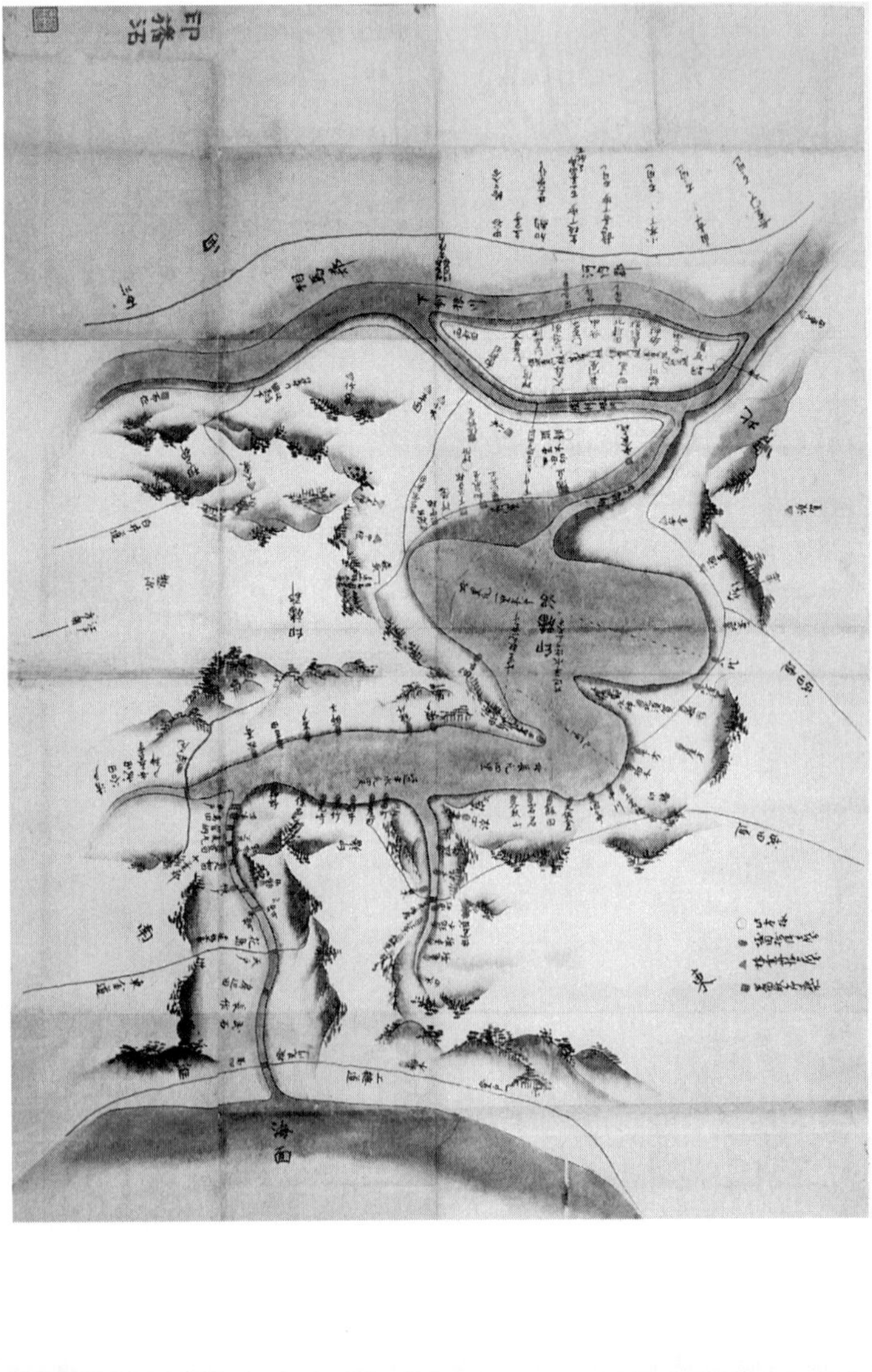

●—印旛沼利根川近郊古図

られる掘割を通って江戸湾に出て品川に達するという構想である。

この印旛沼の掘割工事は、よく印旛沼干拓工事などと呼ばれるが、それは誤りである。そもそも印旛沼を干拓し新田開発することは、幕府の直接の工事目的になっていなかったので、印旛沼掘割工事と呼ぶのが正しい。この工事は、現代から考えると奇異なものに思えるが、当時の幕府が対外的危機への対応策として企画したもののひとつであった。工事の途中で高波により破壊され、水野忠邦の失脚とともに中止となった。

上知令《あげちれい》▲は、不足する幕府の財政収入を補塡するため、幕府が江戸城と大坂城周辺の年貢収納の多い豊かな村を取り上げる政策であると説明されることが多い。そのような目的もないとはいえないが、江戸・大坂周辺は、幕府領・旗本領・大名領などの領地が入り組み、それが有力な原因となって治安上に不安があった。

そのために、一八〇五(文化二)年に関東取締出役《かんとうとりしまりしゅつやく》▲を新設し、一八二七(文政十)年には改革組合《かいかくくみあい》村▲を結成させるなど、治安問題を解決するための措置が講じられてきた。領地が入り組んで治安上に不安のあるところに、もしも江戸湾

▼**上知令**　一八四三年、江戸・大坂周辺約一〇里以内の大名領等を収公。対外的危機に備え江戸周辺の支配強化が目的。強い反対をうけ、水野忠邦失脚の要因となった。

▼**関東取締出役**　通称八州廻り。一八〇五年新設。関東の治安維持のため、水戸藩領以外の公私領の別なく廻村し、犯罪者を逮捕した。

▼**改革組合村**　一八二七年、関東農村の治安維持と経済統制のため、関東取締出役の下部組織として、公私領の別なく四〇～五〇カ村で結成させた組合。

周辺に外国艦船が渡来、あるいは攻撃してきたら、この地域は混乱し騒乱状態になりかねない。江戸や大坂の周辺が混乱状態になれば、幕府の支配に深刻な事態を引き起こすであろう。また、海岸防備に人足《にんそく》として百姓身分を動員するときも、領地が入り組んでいると円滑に徴発できないという難点がある。それゆえ、対外的な危機への対応策として、幕府にとって政治的経済的にもっとも重要な江戸・大坂周辺地域の支配を一元化し、支配の強化をねらった政策と理解すべきである。上知の対象となった大名や旗本、さらには民衆までが強く反発し、水野忠邦が失脚して天保の改革が失敗する引き金となり、上知令は完全に撤回された。

⑤—悪政の政治構造

悪政の時代

三大改革の前にいわゆる悪政の時代がある。享保《きょうほう》の改革の前には将軍綱吉《つなよし》の元禄時代、寛政の改革の前には田沼意次《おきつぐ》の田沼時代、天保《てんぽう》の改革の前には大《おお》御所《ごしょ》時代▲である。ともに政治の腐敗した現象がみられ、とくに田沼時代とその再来かといわれた大御所時代には、賄賂・汚職が横行し、政治上の道徳的倫理的な退廃がみられた。

寛政の改革と天保の改革では、改革を開始した直後に、新しい政治の開始を強調する目的から、田沼時代と大御所時代に権勢をふるった役人たちをそれぞれ厳しく断罪した。寛政の改革では、田沼意次を追罰し、改易《かいえき》▲に等しい処分をしている。天保の改革では、大御所時代に権勢をふるった人々を罷免《ひめん》するとともに、領知を削減する厳しい処罰を加えた。しかし、すでに指摘しておいたように、田沼時代と大御所時代の幕政は、その次の改革政治によって悪政と批判され、その評価はつぎの改革担当者により加えられたものなので、そのまま鵜

▼**大御所時代**　一一代家斉が将軍職を退任し、なお大御所として実権を握ったことからこう呼ばれる。寛政と天保の改革の間の文化・文政期をさし、幕政の退廃期とされる。

▼**改易**　家禄や家屋敷を没収し、武士身分をうばって平民身分に落とす刑罰。大名の領知没収も俗に改易と呼ぶ。

呑みにすることはできない。

　賄賂・汚職の横行と悪法を判断の基準として悪政と呼ばれた時代の幕政には、共通する政治の仕組みが認められる。しかし、それは必ずしも例外的なものではなく、幕府政治の構造に由来するものであった。以下、悪政の時代が生まれる政治の仕組みを、江戸幕府の成立期にさかのぼって概観してみよう。

出頭人の時代

　江戸幕府の政治は、徳川氏の世襲による将軍を頂点とした政治支配機構が成立し、すべての法や政策、諸決定は将軍の最終的な裁可をうけて、将軍の意思として発令され、老中以下諸役人により執行される仕組みであった。

　そのような政治支配機構が、江戸幕府成立の当初から存在したわけではない。初代将軍徳川家康のころは、家康の卓越した軍事的・政治的力量と、それが生み出すカリスマ性により、「庄屋仕立《しょうやしたて》」▲とも言われたほど機構や制度が未整備でも、それなりの全国支配を実現できた。しかし、三代将軍徳川家光ともなると、大合戦で将軍にふさわしい軍事的指揮能力を見せつけたこともなく、生まれな

▼**庄屋仕立**　江戸幕府の政治制度が、農村の庄屋制度と同じように簡単で明瞭であることのたとえ。幕臣小宮山昌世《まさよ》の造語。

がらの将軍という立場になった。そのような事情もあり、しだいに法や制度、機構、さらには儀礼などが整備され、むき出しの軍事力によらない法や儀礼による支配へと移り、政治的には安定していった。

老中や若年寄などの役職名がまだなかった徳川家康の代は、本多正信《ほんだまさのぶ》・正純《まさずみ》父子を重用し、幕府の役職や制度が整備されつつあった徳川家光の時も、松平信綱《のぶつな》らが側近として活躍した。彼らは、家康や家光の特別の恩寵をうけ、主君と他の旗本や大名とのあいだを取り次ぐ側近として、強い権勢をふるった。彼らは出頭人《しゅっとうにん》(近習《きんじゅう》出頭人)と呼ばれた。このような出頭人の存在は、徳川氏の代になってはじめて生まれたのではなく、豊臣秀吉の時の石田三成《みつなり》らもそれと同じ存在であった。

側用人の時代

将軍の側近として近侍《きんじ》し、将軍の手足となって旗本や大名とのあいだを取り次ぐ出頭人のような存在は、家光以降の江戸幕府の職制や機構が確立した段階でも、形をかえて登場する。五代将軍徳川綱吉▲のときの柳沢吉保《やなぎさわよしやす》、六代将軍徳

▼徳川綱吉　一六四六〜一七〇九年。五代将軍。在職一六八〇〜一七〇九年。父家光。館林藩主から将軍家綱の養子。院号常憲院。柳沢吉保を重用し、生類憐れみの令など不評の政策も多かった。

▼**徳川家宣**　一六六二〜一七一二年。六代将軍。在職一七〇九〜一二年。甲府藩主徳川綱重の子、家光の孫、将軍綱吉の養子。院号文昭院。間部詮房・新井白石を重用。

▼**徳川家継**　一七〇九〜一六年。七代将軍。在職一七一三〜一六年。将軍家宣の子。院号有章院。幼将軍のため、間部詮房・新井白石が補佐。

川家宣《いえのぶ》▲、七代将軍徳川家継《いえつぐ》▲のときの間部《まなべ》詮房《あきふさ》が代表的な人物であり、新井白石もそれに近い。

柳沢吉保(一六五八〜一七一四年)は、徳川綱吉がまだ上野館林《たてばやし》(群馬県館林市)藩主のときに小姓《こしょう》となり、綱吉が将軍になると一六八八(元禄元)年に側用人《そばようにん》に就任した。一七〇四(宝永元)年に甲府一五万石の大名に取り立てられ、一七〇六年には大老格《たいろうかく》となり、十七世紀末から十八世紀初めの元禄時代の幕府で強い権勢をふるった。間部詮房(一六六六〜一七二〇年)は、猿楽師《さるがくし》喜多《きた》七太夫の弟子で、甲府藩主徳川家宣の小姓となり、家宣の恩寵をうけて側用人に登用された。一七〇九年に家宣が六代将軍になると、老中格の格式を与えられて新井白石とともに幕政にあたり、翌年、上野高崎《たかさき》(群馬県高崎市)五万石の大名になった。柳沢吉保も間部詮房も、ともに低い地位から小姓となり、ついで側用人として将軍に近侍して幕政上に権勢を振るい、大名にまで取り立てられた。

老中制度が確立し、その指揮下で諸役人が執務するという江戸幕府の職制が整備された段階では、諸奉行・諸役人との協議を経て老中が評議し、その結論に将軍が裁可を与えるのが、幕府の政務処理のあり方である。将軍↓老中↓諸

▼**牧野成貞**　一六三四〜一七一二年。徳川綱吉に仕え一六七〇年館林藩家老。綱吉将軍就任にともない、一六八〇年側用人。のち下総関宿藩主となる。

役人という機構ができあがり、老中以下の諸役人の協議と合議により政策や法の立案がすすめられ、それに将軍が裁可を与え、将軍の命令として発令され、諸役人の手で執行される。最終的には将軍が決定し、将軍が執行を命令するのであるから、政治形態としてはまさに将軍専制政治である。しかし、五人前後の老中が集団で評議し、事案に関係する奉行や諸役人との協議を繰り返すことにより、特定の人物に過度に権限が集中したり、その老中の意向ばかりが強く働くことや、あるいは先例を無視したり、法的政策的な整合性を著しく欠くこともなく、幕政の運営は安定したものになるはずだった。

しかし、将軍自身が積極的に幕政に関与しようとした場合、あるいはさらに進んで将軍親政などとも呼ばれる幕政のあり方にしようとした場合、老中以下諸役人の職制や機構が壁となって立ちはだかり、自由な、あるいは恣意的な行動は難しい。そこで、家康や家光の時の近習出頭人のように、将軍の手足として働く近習役が必要になる。それが側用人(「御側《おそば》の用人」という意味)である。

側用人は、一六八一(天和元)年に五代将軍徳川綱吉が、まだ上野館林藩主のときに近侍し家老となった牧野成貞《なりさだ》▲を任命したのが最初である。側用人は将軍に近侍して政務に関する相談にもあずかったが、将軍→側用人→老中→諸役人のように、将軍の命令を老中に伝達し老中の上申を将軍に伝えるという、将軍と老中とのあいだを取り次ぐのがおもな職務であった。

江戸城は、表《おもて》と中奥《なかおく》と大奥《おおおく》とに空間的に三分される。表は、老中、若年寄、奉行など諸役人が執務し、諸大名の拝謁や儀式が執り行なわれる公的な空間である。中奥は、将軍が日常の生活をおくる空間で、側用人、側衆《そばしゅう》、小姓、小納戸《こなんど》ら奥勤めの諸役人（「奥《おくの》衆《しゅう》」）が近侍する。大奥は、将軍の妻である御台《みだい》所《どころ》や子女、大奥女中衆の生活する空間であった。空間的には、表と中奥をつなぐのが側用人であり、政治機構としては、将軍と老中以下の諸役人とのあいだを取り次ぐのが側用人、ということになる。将軍の意思は、通常は側用人を通して伝達されるので、側用人は将軍の意思を体現する存在になり、そこに強い権勢が生まれる条件があった。もちろん、側用人のすべてが権勢をふるったわけではなく、忠実に取り次ぐ行為に徹した側用人も多い。側用人が幕政に強い権勢をふるうには、将軍の特別な恩寵の他に、個人的な野心や能力が必要だった。

●――柳沢吉保

側用人柳沢吉保

側用人として幕政上にとくに強い権勢を誇った最初の人物が、さきの柳沢吉保で、はじめ小姓として近侍し、それから側用人になっている。小姓は、当人が若年のうちに主君もまだ少年のころから仕え、身辺雑事の世話や学問・剣術の相手などにも携わり、なかには主君の男色の相手をつとめる者もいた。主君とは、人格的、情誼的、なかには肉体的な主従関係を取り結んだため、江戸時代前期には、主君が亡くなると殉死《じゅんし》する事例もみられた。

主君に忠実であり、しかも主君の信頼があつい小姓から側用人になると、将軍と老中とのあいだを取り次ぎ、表の空間、すなわち幕政と関係することになる。将軍の意思を、それが良くも悪しくも老中に伝達し、その実行を求めた。幕政にとって大きな問題があっても、将軍の意思の実行を求め実現させたのが、たとえば生類憐れみの令であった。老中たちの考え方のうち、将軍に不都合なことは取り次がないこともおこりうる。たんに取り次ぐという本来の職務から逸脱し、将軍の恩寵を背景にして老中や諸役人に指図するようにもなった。

柳沢吉保が側用人で大老格を与えられたのは、側用人として綱吉の意思を忠実に執行させたことへの褒賞であるとともに、老中を越える大老の格式を与えることにより、将軍の意思の実現をさらに容易にしようとする意図が込められていたであろう。将軍と一体化し、将軍の意思を独占できた側用人柳沢吉保は、将軍の意思を体現して老中に伝達しそれを執行させた。その結果、将軍の意思と恩寵を背景にして幕政に関与することになり、強い権勢を振るった。

しかし、飛ぶ鳥を落とすような権勢の根拠は、あくまでも特定の将軍の恩寵によるものであるから、将軍が亡くなると同時にその権勢も失われる。柳沢吉保は、徳川綱吉が一七〇九(宝永六)年に亡くなるや、側用人を解任され、甲府藩主の地位も子の吉里《よしさと》に譲り隠居している。間部詮房も、将軍徳川家継が一七一六(正徳六)年に亡くなると、側用人を解任され、翌年には、左遷の意味をこめて上野高崎五万石から越後村上(新潟県村上市)への所替を命じられている。

御用取次

柳沢吉保、間部詮房・新井白石と続いたその時期を、側用人政治などと呼びマイナスの響きがある。側用人政治の時代には、幕政の中枢から排除されていた譜代《ふだい》門閥大名たちの不満が高まった。その大名たちの支持をうけ、期待を担って登場したのが八代将軍徳川吉宗であった。そのため吉宗は、譜代門閥大名が就任する幕政の要《かなめ》である老中と諸役人により行なわれる政治の仕組みを尊重した。

しかし、一七一六(享保元)年に将軍に就任するとすぐに、将軍の側近の役である側衆のなかに、御用取次《ごようとりつぎ》という役職を設定し、紀伊(和歌山県)藩主時代からの近臣である有馬氏倫《うじのり》▲と加納久通《かのうひさみち》▲の二名をこれに任命している。この御用取次は、将軍と老中以下の諸役人とのあいだの御用を取り次ぐ役職であり、ときに幕政上の重要な機密事項にもふれ、かつ将軍の側近として政務の相談にあずかった。将軍→御用取次→老中・諸役人という関係になり、職名は側用人ではないが、その機能は側用人に類似している。

吉宗はこの御用取次をたくみに使い、享保の改革を推進した。その手法は、つぎのようなものだった。ある政策を立案し実行する場合、吉宗は御用取次を通して担当の奉行や関係する役人と政策案を内々で煮詰めておいてから(吉宗→御用取次→奉行)、老中に対して政策の立案を指示する。老中は担当の奉行ら

▼**有馬氏倫**　一六六八〜一七三五年。徳川吉宗の将軍就任のさい紀伊藩士から御側御用取次となり、吉宗側近として享保改革に重要な役割を果たした。のち伊勢西条一万石の大名となる。

▼**加納久通**　一六七三〜一七四八年。有馬氏倫同様の経歴をたどり、側近として享保改革の政治に参画した。のち伊勢八田一万石の大名となる。

に政策の立案を命じることになるが、奉行らはすでに将軍とのあいだで内定しておいた政策案を老中に提出し、老中は評議してそれを将軍に伺い出る(吉宗↑御用取次↑老中↑奉行)。それを吉宗が裁可し、執行を老中に指示する。形式的には、江戸幕府の本来の職制にのっとった政策の立案と決定と執行がなされ、老中をないがしろにすることはない。しかし、実質は老中の制約をうけない政治運営を行なっていた。

側用人政治を否定した吉宗の政治は、側用人政治ではないが、御用取次による類似した政治運営がみられる。側用人政治と異なったのは、あくまでも将軍が主体となって御用取次を駆使していることである。なお後には、吉宗の政治改革策に沿った政策の立案とその実行を担うことのできる老中の登用により、御用取次を駆使した幕政運営の手法は影をひそめていく。

側用人大岡忠光

吉宗の子で九代将軍徳川家重《いえしげ》(一七一一〜六一年)は、言語不明瞭で、側用人の大岡忠光《ただみつ》(一七〇九〜六〇年)のみがそれを理解でき、そのため大岡が重用されたといわれる。これもまた側用人政治といえる。

大岡忠光は、知行三〇〇石の旗本の家に生まれ、一六歳の時、まだ一四歳の徳川家重の小姓となり、それ以後ずっとお側に仕え、家重が将軍になると側衆の一員に加わった。一七五四(宝暦四)年には若年寄に昇進したが、将軍近侍の奥勤《おくづと》めも兼ねた。柳沢吉保も間部詮房も、将軍側近役の奥勤めから側用人になり、大老や老中の格式を与えられたとはいえ、表の役職である若年寄や老中の職には就かなかった。大岡忠光のように奥勤めを兼ねながら表の若年寄を勤める、奥と表の職を同時に兼ねるのは、あらたな職務の形態である。これは、つぎに奥勤めと老中とを同時に兼ねた田沼意次と水野忠成《ただあきら》の先駆けといえる。ただ大岡忠光は、一七五六年に側用人となり、奥勤めのみに戻っている。その間、しばしば加増をうけ、武蔵岩槻《いわつき》(埼玉県さいたま市)二万石の大名にまで出世した。

老中田沼意次

田沼意次(一七二〇〜八八年)は、知行《ちぎょう》六〇〇石の旗本で、父意行《おきゆき》は、徳川吉宗が紀伊藩主から将軍になるさいに召し連れてきた紀伊藩士のひとりである。

▼**徳川家治**　一七三七〜八六年。一〇代将軍。将軍家重の子。在職一七六〇〜八六年。院号浚明院。田沼意次を重用した。

意次は、一六歳で徳川家重の小姓となり、一七五一(宝暦元)年に御用取次、そして一七六七(明和四)年に将軍徳川家治《いえはる》▲の側用人となり、若年のうちから家重・家治に近侍した。一七六九年に老中格、ついで一七七二(安永元)年には老中となったが、そのまま奥勤めを兼ねた。加増につぐ加増により、遠江相良《さがら》(静岡県牧之原市)五万七〇〇〇石の大名となった。田沼より前に側用人から老中に昇進した者はいないので、田沼意次の場合はまったくあらたな事例である。しかも、大岡忠光が若年寄と奥勤めを一時兼ねたように、田沼意次は老中と奥勤めを兼ねた。

御用取次にしても側用人にしても、将軍に近侍し将軍と老中たちとのあいだを取り次ぐ役職でありながら、野心と能力によっては側用人政治とも呼ばれるような権勢を、幕政の上にふるうことが可能であった。まして田沼意次の場合は、将軍に近侍する奥勤めとともに、将軍の意思を執行する老中職にもついたのである。正確な表現とはいえないかもしれないが、側用人と老中を一身に兼務したようなものである。それに、徳川家治自身が積極的に幕府政治に関与しようとする将軍ではなかったことも、田沼意次が前例にないような強い権勢をふるえた理由であろう。しかし、それほどの権勢をほしいままにした田沼意次でも、将軍家治の死去とともに失脚し、のちに改易にも近い厳しい処罰をこうむった。

大御所時代の老中水野忠成

水野忠成(一七六二～一八三四年)は、知行三〇〇〇石の旗本岡野家に生まれ、はじめ知行二〇〇〇石の旗本水野忠隣《ただちか》の養子となり、徳川家斉▲に小姓として仕えた。さらに、駿河沼津《ぬまづ》(静岡県沼津市)三万石の大名水野忠友《ただとも》の養子となった。

養父の水野忠友自身、七〇〇〇石の旗本(寄合《よりあい》)で、小姓から側衆と一貫して将軍徳川家治に近侍した。さらに大岡忠光と同様に奥勤めを兼ねた若年寄となり、ついで一七七七(安永六)年に側用人に転じ、一七八一(天明元)年に老中格、一七八五年には老中にまで上りつめたが、いずれも奥勤めを兼ねている。またこの間、繰り返し加増をうけ、沼津三万石の大名にまで立身した。田沼意次と同じように奥勤めを兼ねる老中になり、将軍のお側《そば》に仕えるとともに将軍の意思を執行する立場に立った。小型の田沼意次である。忠友は田沼意次の歓心を

▼徳川家斉　一七七三～一八四一年。一一代将軍。在職一七八七～一八三七年。院号文恭院。一橋家徳川治済の子で将軍家治の養子。辞職後も大御所として政治の実権を握った。

買うためか、意次の四男意正《おきまさ》をいったん婿養子に迎えたが、一七八五年八月に意次が失脚するや、翌九月に離縁し、閏《うるう》十月に分家の水野家から忠成を養子としたのである。

水野忠成は、小姓、側衆として将軍徳川家斉に近侍し、若年寄を経て一八一二(文化九)年に西丸側用人となった。一八一七年に老中格、翌年老中となり、やはり奥勤めを兼ね、一八三四(天保五)年に亡くなるまで、大御所時代の幕政に権勢をふるった。

老中が奥勤めを兼ねると、老中と側用人の両方を一人で勤めることになり、将軍の意思と一体化するとともにそれを執行する立場に立つのであるから、奥と表をおさえたその権力は絶大なものとなる。当然のことながら、ただの側用人よりも、またただの老中より強い権勢を手中にできた。それが田沼意次であり、水野忠成である。彼らが幕政を牛耳ったのが田沼時代であり、大御所時代であり、元禄時代とならぶ悪政の時代とされたのである。

田沼や水野は例外か

奥勤めを兼ねない老中は、将軍の意思を独占できないだけではなく、近侍して将軍の意思を独占している側用人や側衆、御用取次らにないがしろにされる可能性すらある。徳川吉宗の時の御用取次がそうであったように、御用取次が内々で老中の頭越しに諸役人と話をつけてしまうということが、水野忠成が亡くなったのちの西丸政治《にしのまるせいじ》▲と呼ばれる政治形態のなかで横行した。そのため、奥勤めを兼ねない老中が強い権力をふるうには、たえず将軍の厚い信任を確認するとともに、将軍の意思を独占するか、あるいは将軍の意思を制御する必要があった。

たとえば寛政の改革のとき、老中松平定信は、信頼する三河吉田（愛知県豊橋市）藩主松平信明《のぶあきら》▲を側用人に登用し、さらにその後任には、定信がもっとも信頼をよせていたという陸奥泉（福島県いわき市）藩主本多忠籌《ただかず》▲を用いている。また、天保の改革では、老中水野忠邦の盟友ともいうべき信濃飯田《いいだ》（長野県飯田市）藩主堀親寚《ちかしげ》▲が側用人になっている。このように、奥勤めを兼ねない老中が政治の改革を行なおうとすれば、やはり将軍の意思を独占するか制御する必要

▼**西丸政治**　徳川家斉は、一八三七年に将軍職を子の徳川家慶に譲って江戸城西丸に移ったのちも幕政の実権を手放さず、若年寄や御用取次を使って政治に関与した。

▼**松平信明**　一七六〇～一八一七年。三河吉田藩主。松平定信の信任をえ、側用人、老中として寛政改革に尽力。定信辞職後も改革路線を継承した。

▼**本多忠籌**　一七三九～一八一二年。陸奥泉藩主。藩政改革に手腕を発揮。松平定信の厚い信任を得て、老中格となり寛政改革に尽力。多くの点で定信と対立。

▼**堀親寚**　一七八六～一八四五年。信濃飯田藩主。水野忠邦の妹が子の妻という姻戚関係。側用人、老中格となり忠邦に協力。忠邦失脚後に処罰された。

があり、信頼できる同志を側用人とし、さらには御用取次に送り込んだのである。

江戸幕府の職制、政治支配機構それ自体は、たしかに官僚制的な姿を示す。しかし、あくまでも本質は将軍専制政治なのである。将軍という専制君主を頂点にいただき、その下にある役人組織や機構は、将軍の政治を補佐し執行するために編成されている。もちろん、専制君主とはいえ、支配身分である領主を構成員とする共同組織ともいうべき幕藩体制の頂点であり、公儀を体現する存在でもある。将軍の専制性(恣意性)と公儀性は、両立しがたい矛盾ともいえよう。

この将軍の専制性、恣意性が強烈に表に出たのが、元禄時代と大御所時代である。儒学に心酔したり、生類憐れみの令に固執した徳川綱吉、五五人もの子女をもうけ、その縁組先の大名を財政や家格の面で優遇した徳川家斉である。将軍の恣意が制約をうけずに増幅された事例であり、側用人政治の時期や老中が奥勤めを兼ねた時の産物である。

老中よりも側用人や御用取次が権勢をふるう時期に、あるいは老中と側用人を一人が一身に兼ねた時に、いわゆる悪政がみられる。しかし、徳川家康のころの近習出頭人から始まり徳川家斉のときの水野忠成まで、将軍に近侍する者のなかで特別に信頼の厚い者が、将軍の手足ともなって働いて権勢をふるった期間のほうが、そうではない期間より長いほどではないか。これは、専制君主である将軍権力の構造的なものに由来すると考えるほかない。

おわりに

享保の改革は、年貢増徴に成功して財政を立て直し、勘定所を中心に幕府の役所機構と裁判制度や法を整備し、元禄期(一六八八~一七〇四)以来の諸矛盾に対応した。寛政の改革では、民衆支配に社会政策的な手法を取り入れ、外国や朝廷との関係を法で明確にしたり枠組みを作ることなどにより、天明(一七八一~八九)末年の危機的状況をやわらげ、その後の安定期を生み出すことができた。それに対して天保の改革では、打ち出した改革政策のほとんどを撤回せざるをえなかった。それが象徴するように、内憂外患の本格的な体制的危機に有効な対応ができなかった。そのことは、幕府が、諸大名を指揮し、内憂と民族的な課題である外患とに対応できる中央政府としてみずからを強化するのに失敗したということを意味する。

幕府権力が弱体化する一方で、中期藩政改革以来の改革による諸藩の「自立化」の動きがある。そのような状況のなかで、幕府が公儀として内憂外患の危機に対応するために、諸藩と協調しながら幕政を運営する方針をとらざるをえなかった。それが、水野忠邦のあとをついだ老中阿部正弘《まさひろ》▲の、いわゆる阿部政権のもとでの幕政運営のあり方であった。阿部は、開明的な大名や雄藩大名と協調し、諸大名の意見を徴しながら、さらには朝廷の意見をも聞きながら幕政をすすめた。しかし幕府内部では、諸藩と協調しながら幕府の公儀としての地位を維持するか、幕府中心の政権運営をとるかのせめぎあいが続いてゆくのである。

▼阿部正弘　一八一九～五七年。備後福山藩主。一八四三年老中。ペリー来航、和親条約締結など内外の諸課題を、大名・朝廷と協調しながら処理した。

●—図版所蔵・提供者一覧(敬称略，五十音順)

板橋区立郷土博物館　　p. 68
上杉神社稽照殿　　p. 57
上原邦一・群馬県立歴史博物館保管　　p. 32上
桑原英文　　p. 39
独立行政法人国立公文書館　　p. 27
国立国会図書館　　p. 63上
国立歴史民俗博物館　　カバー表
勝林寺　　p. 7上
致道博物館　　扉, p. 63下
鎮國守國神社　　カバー裏, p. 7下
東京都立大学付属図書館　　p. 11上
日本銀行金融研究所貨幣博物館　　p. 71
彦根城博物館　　p. 76
福島県会津高田町教育委員会(町指定文化財)・福島県立博物館
p. 32下
船橋市西図書館　　p. 80
柳沢文庫　　p. 89
早稲田大学図書館　　p. 30

製図：曾根田栄夫

⑤天保改革に関わるもの

佐藤昌介『洋学史研究序説』岩波書店，1964年
北島正元『水野忠邦』人物叢書，吉川弘文館，1969年
大口勇次郎「天保期の性格」『岩波講座日本歴史』近世4，1976年
南和男『幕末江戸社会の研究』吉川弘文館，1978年
青木美智男・河内八郎編『講座日本近世史 6　天保期の政治と社会』有斐閣，1981年
藤田覚『幕藩制国家の政治史的研究』校倉書房，1987年
藤田覚『天保の改革』吉川弘文館，1989年
坂本忠久『天保改革の法と政策』創文社，1997年
中山安宏「検閲と幕府儒者—天保改革の文教政策」『歴史』130輯，2018年

●—参考文献

①全体に関わるもの

本庄栄治郎編『近世日本の三大改革』日本経済史研究所経済史話叢書４，龍吟社，1944年

津田秀夫『江戸時代の三大改革』アテネ文庫，弘文堂，1956年

津田秀夫『封建社会解体過程研究序説』塙書房，1970年

山口啓二『鎖国と開国』岩波書店，1993年

小野正雄『幕藩権力解体過程の研究』校倉書房，1993年

藤田覚「一九世紀前半の日本」『岩波講座日本通史』近世5，1995年

深井雅海『徳川将軍政治権力の研究』吉川弘文館，1991年

高木昭作『江戸幕府の制度と伝達文書』角川書店，1999年

藤田覚編『幕藩制改革の展開』山川出版社，2001年

②享保改革に関わるもの

大石慎三郎『享保改革の経済政策』御茶の水書房，1961年

辻達也『享保改革の研究』創文社，1963年

大石学『享保改革の地域政策』吉川弘文館，1996年

③田沼時代に関わるもの

辻善之助『田沼時代』1915年刊，1980年岩波文庫

林基「宝暦天明期の社会情勢」『岩波講座日本歴史』近世４，1963年

佐々木潤之介『幕末社会の展開』岩波書店，1993年

中井信彦『転換期幕藩制の研究』塙書房，1971年

大石慎三郎『田沼意次とその時代』岩波書店，1991年

藤田覚『田沼意次』ミネルヴァ書房，2007年

④寛政改革に関わるもの

三上参次『白河楽翁公と徳川時代』1891年

難波信雄「幕藩制改革の展開と階級闘争」『大系日本国家史３　近世』東京大学出版会，1975年

竹内誠「寛政改革」『岩波講座日本歴史』近世4，1976年

藤田覚『松平定信』中公新書，1993年

安藤優一郎『寛政改革の都市政策』校倉書房，2000年

日本史リブレット48

近世《きんせい》の三大改革《さんだいかいかく》

2002年3月25日　1版1刷　発行
2023年11月5日　1版8刷　発行

著者：藤田《ふじた》　覚《さとる》

発行者：野澤武史

発行所：株式会社 山川出版社

〒101－0047　東京都千代田区内神田1－13－13
電話 03(3293)8131(営業)
03(3293)8135(編集)
https://www.yamakawa.co.jp/

印刷所：明和印刷株式会社

製本所：株式会社 ブロケード

装幀：菊地信義

ISBN978-4-634-54480-2
・造本には十分注意しておりますが，万一，乱丁・落丁本などがございましたら，小社営業部宛にお送り下さい。
送料小社負担にてお取替えいたします。
・定価はカバーに表示してあります。

日本史リブレット　第Ⅰ期［68巻］・第Ⅱ期［33巻］　全101巻

1 旧石器時代の社会と文化
2 縄文の豊かさと限界
3 弥生の村
4 古墳とその時代
5 大王と地方豪族
6 藤原京の形成
7 古代都市平城京の世界
8 古代の地方官衙と社会
9 漢字文化の成り立ちと展開
10 平安京の暮らしと行政
11 蝦夷の地と古代国家
12 受領と地方社会
13 出雲国風土記と古代遺跡
14 東アジア世界と古代の日本
15 地下から出土した文字
16 古代・中世の女性と仏教
17 古代寺院の成立と展開
18 都市平泉の遺産
19 中世に国家はあったか
20 中世の家と性
21 武家の古都、鎌倉
22 中世の天皇観
23 環境歴史学とはなにか
24 武士と荘園支配
25 中世のみちと都市
26 戦国時代、村と町のかたち
27 破産者たちの中世
28 境界をまたぐ人びと
29 石造物が語る中世職能集団
30 中世の日記の世界
31 板碑と石塔の祈り
32 中世の神と仏
33 中世社会と現代
34 秀吉の朝鮮侵略
35 町屋と町並み
36 江戸幕府と朝廷
37 キリシタン禁制と民衆の宗教
38 慶安の触書は出されたか
39 近世村人のライフサイクル
40 都市大坂と非人
41 対馬からみた日朝関係
42 琉球の王権とグスク
43 琉球と日本・中国
44 描かれた近世都市
45 武家奉公人と労働社会
46 天文方と陰陽道
47 海の道、川の道
48 近世の三大改革
49 八州廻りと博徒
50 アイヌ民族の軌跡
51 錦絵を読む
52 草山の語る近世
53 21世紀の「江戸」
54 近代歌謡の軌跡
55 日本近代漫画の誕生
56 海を渡った日本人
57 近代日本とアイヌ社会
58 スポーツと政治
59 近代化の旗手、鉄道
60 情報化と国家・企業
61 民衆宗教と国家神道
62 日本社会保険の成立
63 歴史としての環境問題
64 近代日本の海外学術調査
65 戦争と知識人
66 現代日本と沖縄
67 新安保体制下の日米関係
68 戦後補償から考える日本とアジア
69 遺跡からみた古代の駅家
70 古代の日本と加耶
71 飛鳥の宮と寺
72 古代東国の石碑
73 律令制とはなにか
74 正倉院宝物の世界
75 日宋貿易と「硫黄の道」
76 荘園絵図が語る古代・中世
77 対馬と海峡の中世史
78 中世の書物と学問
79 史料としての猫絵
80 寺社と芸能の中世
81 一揆の世界と法
82 戦国時代の天皇
83 日本史のなかの戦国時代
84 兵と農の分離
85 江戸時代のお触れ
86 江戸時代の神社
87 大名屋敷と江戸遺跡
88 近世商人と市場
89 近世鉱山をささえた人びと
90 「資源繁殖の時代」と日本の漁業
91 江戸の浄瑠璃文化
92 江戸時代の老いと看取り
93 近世の淀川治水
94 日本民俗学の開拓者たち
95 軍用地と都市・民衆
96 感染症の近代史
97 陵墓と文化財の近代
98 徳富蘇峰と大日本言論報国会
99 労働力動員と強制連行
100 科学技術政策
101 占領・復興期の日米関係